KB242063

세계를 뒤흔든
침묵의 봄

MANIFESTO

MANIFESTO

WORDS
THAT
CHANGED
THE WORLD ····· 세계를 뒤흔든 선언 ④

세계를 뒤흔든
침묵의 봄

알렉스 맥길리브레이 지음 | 이충호 옮김

| 일러두기 |

1 이 책은 Alex MacGillivray, *Rachel Carson's Slient Spring*(The Ivy Press, 2004)을 완역한 것이다.

2 모든 각주는 옮긴이의 주이다.

3 인명이나 지명, 그리고 작품명은 '외래어 표기법'(1986년 1월 문교부 고시)과 이에 근거한 『편수자료』(1987년 국어연구소 편)를 참조했으나, 주로 원어에 가깝게 표기하는 것을 원칙으로 삼았다.

4 단행본·전집·정기간행물·신문·잡지·팸플릿 등에는 겹낫쇠(『 』)를, 논문이나 논설·기고문·단편·미술·건축·영화 등의 작품 등에는 홑낫쇠(「 」)를 사용했다.

책머리에

『침묵의 봄』은 생태학이란 말을 일상적인 용어로, 살충제란 말을 나쁜 단어로 자리잡게 만든 녹색 선언이다. 수백만 명이 읽은 이 책은 두 세대에 걸쳐 환경운동가들에게 지대한 영향을 끼쳤다. '선언'은 '분명하게 말하다'라는 뜻의 이탈리아어 'manifesto'에서 유래했는데, 문제와 그 해결책을 수많은 청중에게 명확하게 전달하는 글을 말한다. 정곡을 찌르는 사상이 담긴 선언이 때를 잘 맞추어 발표되면 글자 수를 넘어서 엄청난 위력을 발휘한다. 그렇게 큰 영향을 발휘한 책은 손가락을 꼽을 정도에 불과한데, 『침묵의 봄』은 환경문제에 관한 최초의(그리고 지금까지도 유일한) 선언으로 인정받고 있다.

　『침묵의 봄』은 과학과 문학이 서로 별개의 장르로 인식되고 대상 독자도 제각각이던 시절에 두 장르를 결합시켜 탄생한 기묘한 잡종이다. 문체는 서정적이지만, 첫머리인 '내일을 위한 우화'를 읽는 독자는 섬뜩한 느낌을 받는다. 그 열정적인 생태학적 주장 뒤에는 복잡한 과학적 증거들이 있는데, 오직 뛰어난 재능을 가진 작가만이 일반 독자에게 그것을 알기 쉽게 설명할 수 있다. 책에서는 살충제 때문에 "아침이면 새들의 아름다운 합창이 울려퍼지곤 했는데, 이제는 기묘한 침묵만이 감돈다"고 경고한다. 그리고 야생생물에 대한 위협 못지않게 암에 대한

카슨은 아주 세심한 작가였다. 자신이 쓴 글을 소리내어 읽어보고는 몇 번이고 다시 고쳤기 때문에 하루에 겨우 몇백 단어밖에 못쓰는 일도 있었다.

공포도 큰 충격으로 다가온다. 대중의 의식 속에서 '침묵의 봄'이란 개념은 핵폭탄의 버섯구름만큼이나 두려운 존재로 자리잡게 되었다.

저자인 레이첼 카슨(1907~1964)은 신비로운 인물이다. 그녀는 베스트셀러 작가였지만 처음에는 살충제에 대한 글을 쓰려고 하지 않았다. 지극히 개인적인 삶을 추구하던 그녀는 이 책으로 대중적인 인물이 되었고, 출간 후 2년도 안 돼 죽은 뒤에는 생태학자와 페미니스트 사이에서 상징적인 인물이 되었다. 그녀는 미국의 평범한 여성에게 호소함으로써 남성 중심적이며 '네안데르탈 인' 처럼 조야한 무기로 자연을 정복하려는 거대 화학회사에 맞서 싸웠다. 산업계의 반격은 신속하고도 무자비했지만, 1998년 4월 『타임』은 카슨을 20세기를 빛낸 100인 중 한 명으로 선정했으며, 그녀의 투쟁 대상이었던 DDT를 20세기 최악의 아이디어 100가지 중 하나로 선정했다.

일부 선언과 달리 『침묵의 봄』은 강렬하고도 즉각적인 반응을 불러일으켰다. 냉전이 격화되던 시대인데도 존 F. 케네디 대통령의 관심을 끌어 곧 정부 차원의 조사가 이루어졌다. 법정 소송과 대중의 항의 시위가 이어졌으며, 이로 말미암아 환경보호국이 신설되고 유해 살충제 사용이 금지되는 등의 성과를 이루어냈다. 이 책은 1970년대 초에 전세계적인 환경운동을 탄생시키는 산파 역할을 했다.

흰머리독수리가 멸종 직전 단계에서 되살아난 것은 생태학에 미친 이 책의 영향력을 보여주는 상징적인 사건이다. 그러나 그로부터 40년이 지난 지금, 『침묵의 봄』이 대중에게 처음으로 폭로했던 위험들은 아직도 '생명의 그물망' 을 위협하고 있다. 지구 온난화에서부터 유전자 변형에 이르기까지 거대 기업과 그 지지자들은 여전히 카슨을 분노케 했던 위험의 증거를 단호하게 부인하고 있다. 심지어 아직도 DDT의 사용을 옹호하는 사람들이 있으며, 세계에서 인구가 가장 많은 인도와 중국에서는 공공연히 DDT를 사용하고 있다.

카슨은 마지못해 선언을 쓰는 데 착수했으나, 『침묵의 봄』은 지금까지 나온 환경 관련 책 중 가장 읽기 쉽고 가장 큰 영향을 끼친 책으로 남아 있다. 그러나 40년이 넘도록 이 책이 엄청난 영향력을 끼쳐왔는데도 카슨이 폭로한 문제들은 아직 완전히 해결되지 않았다.

Context and Creator

등장배경과 지은이

화학자와 생태학자의 충돌

제2차 세계대전이 발발할 무렵, 유럽의 공업화학자들은 그때까지 잘 알려져 있지 않던 일련의 화학물질로 '완벽한 살충제'를 만들 수 있는 가능성을 발견했다. 전쟁 기간 유럽에서는 이들 화학물질이 때로는 인명을 살상하는 용도로(신경 독소로) 사용되기도 했고, 때로는 인명을 구하는 용도로(곤충이 옮기는 질병을 퇴치함으로써) 사용되기도 했다. 전쟁이 끝난 뒤 미국에서는 농작물을 해치는 해충을 퇴치하는 데 대규모로 사용되었다.

그러다가 1950년대에 들어서자 미국에서는 자그마한 울새에서부터 위풍당당한 흰머리독수리에 이르기까지 새들의 수가 크게 줄고 있다는 증거가 속속 나타나기 시작했다. 이 사실은 열정적인 조류 관찰자인 미국 시민 수만 명(카슨을 포함해)이 직접 목격한 것이다. '완벽한 살충제'는 화학업계의 보물단지였으므로, 새들의 수가 감소한 것이 과연 살충제 때문인지 논란이 일었다. 화학자와 생태학자의 충돌은 피할 수 없었다. 이때 레이첼 카슨의 『침묵의 봄』은 환경의식의 큰 흐름을 만들어내는 데 촉매 역할을 했다. 『침묵의 봄』은 최초의 녹색 선언이었다.

초기의 생태학자 : 자연 찬미와 보존

생태학이 학문으로 먼저 발전한 곳은 유럽이지만 대중운동으로 그 영향력을 떨치기 시작한 곳은 미국이었다. 광대한 미국의 원시 자연은 서유럽에서는 찾아보기 힘들며, 엄청난 속도와 규모로 진행된 미국 농업의 산업화 과정도 유럽에서는 그 유례를 찾아볼 수 없다. 광대한 자연환경에 대한 공격에 대응하여 시작된 '자연연구운동'(초기에 부르던 명칭)은

카슨은 특히 비행기를 이용한 농약 살포에 분개했다. "오늘날의 독성물질은 이전에 알려진 어떤 것보다 훨씬 위험한
데도, 놀랍게도 그것을 하늘에서 무차별적으로 쏟아붓고 있다."

다윈은 자연선택을 통한 진화론을 주창한 영국 과학자이다. 다윈은 1859년에 『종의 기원』을 발표했는데, 카슨과는 달리 오래 살아 이 대작을 계속 수정해나갔다. 위의 초상화는 조지 리치먼드가 그린 수채화이다.

생태학운동으로 변하면서 조직적으로 활동하기 시작했다. 저술 활동과 과학적 조사뿐만 아니라 실질적인 보존 활동과 정치적인 로비 활동이 이루어졌다.

생태학이 정식 학문 분야로 자리잡는 데에는 박물학자 찰스 다윈의 자연선택설이 크게 기여했다. 특히 『종의 기원』에서 자세하게 설명된 종의 다양성, 종과 서식지의 상호 의존성에 관한 그의 고찰은 자연계를 새롭게 이해할 수 있는 무대를 마련해주었다. '생태학'을 뜻하는 '에콜로지'(ecology)란 단어는 1890년대 독일의 동물학자이자 철학자인 에른스트 헤켈이 만들었는데, 그는 초기에 다윈의 이론을 강력하게 지지한 사람 중 한 명이었다. 그러나 그 후 수십 년이 지나도록 종의 분포와 수를 이해하는 데 이 전문용어를 사용한 사람은 극히 일부의 과학자들뿐이었다.

1850년대에 『월든』을 쓴 헨리 데이비드 소로나 『풀잎』을 쓴 월트 휘트먼 같은 작가는 미국의 환경주의를 서정적으로 찬미하여 환경운동에 문학적 씨를 뿌렸다. 그러나 19세기 말에 이르자 문학계의 자연보호주의자들의 분위기는 점차 자연 찬미에서 경악으로 변하게 되었다. 무분별한 벌목과 광산 채굴, 철도 건설로 인한 환경파괴 때문이었다.

대중의 관심도 날로 커져갔다. 1886년 『포리스트 & 스트림』의 편집자인 조지 버드 그리넬은 어떤 조류에도 해를 끼치지 않겠다고 서약하는 행사에 독자들을 초청했다. 그런데 너무 많은 사람이 참석하는 바

플로리다 주의 펠리칸 섬에서 초기의 한 환경운동가가 깃털 달린 친구와 함께 찍은 사진. 이곳은 1903
년에 미국 최초의 국립 야생동물 보호구역으로 지정되었다. 그로부터 2년이 못 돼 보호구역 관리인인
가이 브래들리가 밀렵꾼에게 살해되는 사건이 일어났다.

람에(약 4만 명이나) 그리넬은 모여든 사람들을 제대로 처리하지 못하고
쩔쩔맸다. 이것이 '조류 보호를 위한 오두봉협회'의 출발점이 되었다.
이러한 대중의 높은 관심에 부응하여 연방정부는 1860년대와 70년대에
옐로스톤처럼 자연 경관이 수려한 몇몇 지역을 국립공원으로 지정했다.
의회의 간헐적인 입법 활동으로 조금씩 불어나는 국립공원의 조직망을
관리하기 위해 국립공원 관리청도 설립되었다.

1891년 의회는 대통령에게 삼림지대를 보존할 수 있는 권한을 부
여했다. 벤저민 해리슨 대통령은 즉각 1,300만 에이커(1에이커는 약
1,224평)의 땅을 보호구역으로 지정했고, 그로버 클리블런드 대통령은
2기 집권기간(1893~97)에 그 면적을 두 배로 늘렸다. 그렇지만 이 제

도를 실질적으로 정착시킨 사람은 시오도어 루스벨트 대통령이었다. 개인적으로 자연보호운동에 큰 관심을 쏟았던 그는 재임기간(1901∼09)에 국유림의 면적을 1억 9,400만 에이커로 늘렸다(2001년 퇴임을 앞둔 빌 클린턴 대통령은 야생 자연림 6,000만 에이커를 보호하는 조처를 취함으로써 이에 못지않은 업적을 세우려고 했다). 루스벨트는 유럽에서 산림학을 공부하고 돌아온 기퍼드 핀쇼가 맡고 있던 산림청의 권한을 강화시켰다. 또 1903년에는 최초로 국립 야생동물 보호구역(플로리다 주의 펠리칸섬)을 지정하였다.

루스벨트 대통령이 생각하는 '보존'(conservation)의 개념은 1908년 그것을 주제로 하여 일주일간 열린 백악관 회의에서 분명하게 드러났다. 보존은 야생자연을 있는 그대로 유지한다는 뜻이 아니었다. 그보다는 최대 다수의 최대 행복을 위해 자연 자원을 적절하게 관리한다는 공리주의적인 개념에 가까웠다. 루스벨트는 "숲의 보호 자체는 목적이 아니다. 그것은 우리나라의 자원과 거기에 의존하는 산업을 증대시키고 유지하기 위한 수단이다. 숲의 보존은 기업들에게 절실히 필요한 것이다"라고 말했다.

자연보호운동의 탄생

『시대를 앞서』에서 근대 환경운동의 탄생 과정을 소개한 로버트 테일러에 따르면, 루스벨트의 보존 구상에 가장 큰 도전을 한 사람은 존 뮤어였다. 뮤어는 시에라네바다 산맥의 보존을 위해 1892년 설립된 시에라 클럽의 창설자이다. 그는 야생생물과 자연을 보호하라는 요구에 부응하여 루스벨트의 보존 구상에 맞설 수 있는 보존 윤리를 만드는 데 큰 역

할을 했다. 출발은 미미했다. 1892년에 결성
된 시에라 클럽은 1903년이 되어서도 전체 회
원이 663명에 불과했다.

그러나 새로 설립된 전국오두봉협회*와
마찬가지로 시에라 클럽도 활동적인 회원이
점점 늘어났고, 이에 따라 갈등이 점점 고조되
었다. 뮤어는 정부의 산림청 책임자인 기퍼드
핀쇼와 함께 도보 여행을 하곤 했지만, 급속하
게 성장하고 있는 샌프란시스코에 용수를 공
급하기 위한 계획을 놓고 두 사람은 큰 견해차
이를 보였다. 핀쇼는 투올름강을 범람시켜 헤
치헤치 계곡을 물 속에 잠기게 하려 하였다.
천연자원의 사용을 놓고 자연보호운동가와 정

20세기 초, 초기이 자연보호운동가들은 자연
경관이 수려한 헤치헤치 계곡을 저수지로 만
든다는 계획에 분개했다. 잇단 공청회와 시위
에도 불구하고 정부는 이 계획을 승인했고,
1913년에 헤치헤치 계곡은 물 속에 잠기고
말았다.

부·기업 간의 갈등도 점점 더 커져갔다. 1905년 밀렵꾼들이 야생동물
보호구역의 관리인 가이 브래들리를 살해하는 사건으로 갈등이 절정에
이르렀다. 결국 자연보호운동가들은 헤치헤치 계곡을 보호하는 데 실패
했고, 1913년에 그 계곡은 물 속에 잠기고 말았다. 이 해에 마지막으로
살아남아 있던 나그네비둘기 마서가 동물원에서 사망한 것도 상징적인
사건이라고 할 수 있다.

1930년대에는 뉴딜정책이 실시되어 전례 없는 댐 건설 공사와 삼

---

* 전국오두봉협회(National Audubon Society, 약칭 NAS)는 19세기 북아메리카 조류를 그려 『북아
  메리카의 조류 일람』 등을 남긴 박물학자이자 미술가 존 제임스 오두봉을 기려 만든 비영리 환경
  단체다.

림 벌목이 일어났고, 이에 대응하여 자연보호운동도 더욱 커졌다. 이 시기에는 시에라 클럽의 회원 수가 2500명 이상으로 늘어났고, 1934년에 로저 토리 피터슨의 『조류 관찰 현장 안내서』가 출판되었다. 전국오두봉협회는 이 책이 "그 어느 때보다도 조류 관찰에 대한 관심을 크게 확산시켰다"고 평했다.

환경의식이 서서히 커져가던 이 시기에 많은 작가들이 과학을 문학과 결합하는 새로운 장르를 실험하기 시작했다. 영국의 작가 헨리 윌리엄슨이 쓴 이 장르의 고전 『수달 타카의 일생』과 『연어 살라』는 카슨도 높이 평가했던 작품들이다. 그녀는 자연과 관련한 헨리 베스톤의 작품들도 좋아했는데, 그 가운데서도 특히 『세상 끝의 집』을 좋아했다. 그리고 에이다 고번이 쓴 회고록 『내 창문의 날개들』도 카슨이 좋아했던 글이다. 알도 레오폴드의 작품으로 사후에 출간된 『모래군의 열두달』은 이 새로운 장르의 맥을 계속 이어갔다. 이 작품은 오늘날에도 여전히 인기를 누리고 있다.

제2차 세계대전이 일어나기 직전에 미국에서 전개된 자연보호운동은 이렇듯 규모는 미미했지만 열정적이었다. 나날이 발전하는 생태학과 문학적인 작품 그리고 아름다운 자연과 동물의 다양성을 지키려는 적극적인 활동가들의 노력이 자연보호에 큰 역할을 했다. 그러나 카슨은 정부 산하의 어류 및 야생생물국에서 근무한 경험과 오두봉협회에 관여한 경험이 있으므로 그 운동의 취약성을 잘 알고 있었다. 해당 과학과 문학에 대한 지식과 이해, 그리고 막 일어나고 있던 활동적인 환경운동은 아직 충분히 성숙한 단계에 이르지 못하고 있었다. '생태학'은 아직도 일상적인 단어로 자리잡지 못하고 있었다.

완벽한 독성물질의 발명

알프레드 노벨은 1868년에 다이너마이트를 발명하고, 전세계 20여 나라에 회사와 연구소를 세웠다. 특허를 350개 이상이나 소유한 그는 시와 희곡도 썼으며, 한때 작가가 될까 하고 진지하게 고려하기도 했다. 그런데 심장병을 앓고 있던 그가 니트로글리세린을 투여하라

고 처방받은 것은 정말 아이러니이다. 니트로글리세린은 그가 폭발력이 뛰어난 폭약을 만드는 데 사용한 그 물질이기 때문이다(카슨도 1960년대 초 협심증으로 건강이 악화되었을 때, 이 고성능 폭약 원료를 사용하라는 처방을 받았다).

노벨은 대량 파괴와 살상의 길을 연 발명가였지만, 책상머리에서는 생태학을 생각하는 사람이었다. 그의 서재에는 빅토르 위고 전집, 평화에 관한 소책자들, 생태학의 선구자인 다윈과 헤켈의 책 등이 어뢰에 관한 전문서적, 미국 특허법 안내서 사이에 같이 꽂혀 있었다. 오늘날 노벨은 그가 만든 상(특히 노벨 평화상)으로 더 유명하다.

노벨상을 수상한 스위스의 공업화학자 파울 헤르만 뮐러의 삶도 이와 비슷한 아이러니를 보여준다. 뮐러는 카슨과 같은 시대에 살았던 사람이다. 그는 카슨보다 8년 먼저 태어났고 1년 더 오래 살았다. 두 사람은 한번도 만난 적이 없고, 『침묵의 봄』에서도 뮐러는 짧게 단 한 차례만 언급된다. 그렇지만 카슨이 『침묵의 봄』을 쓰게 된 것은 뮐러의 연구 결과가 직접적인 원인이 되었다. 뮐러는 오래전에 발견되었지만 사

람들의 주목을 끌지 못하고 방치돼 있던 디클로로디페닐트리클로로에
탄(DDT)이라는 화학물질이 살충제로 탁월한 효과가 있다는 사실을 발
견했다. DDT는 1930년대와 1940년대에 새로 발견된 많은 화학물질과
는 달리, 제2차 세계대전 때 이탈리아 나폴리에서 발진티푸스를 예방하
는 등 인도적인 목적으로 사용되었다. 그러나 DDT가 가져다준 혜택은
곧 그 다음 수십 년 동안 환경(그리고 사람)에 미친 부작용 때문에 빛이
바래고 말았다.

1774년 스위스 약제사 카를 빌헬름 셸레는 염소(Cl) 원소를 발견
했다. 이 발견은 위대한 화학의 모험이 시작되는 것을 알리는 사건으로,
그 무렵에 생물학에서 일어나고 있던 혁명에 비견할 만한 것이었다. 수
십 종의 새 원소가 주기율표에 올랐고, 실험을 통해 자연계에서는 결코
일어나지 않는 방식으로 원소들을 결합시키는 시도가 이루어졌다. 화학
자들은 특히 염소에 큰 흥미를 느꼈는데, 그것은 염소를 다른 원소와 결
합하여 수천 가지나 되는 안정된 분자를 만들 수 있었고, 또 그 중 상당
수가 지방에 잘 용해되었기 때문이다.

셸레가 염소를 발견한 지 100년이 지난 후에도 화학자들은 여전히
염소의 결합 능력을 탐구하고 있었다. 염소의 화합물인 DDT는 1873년
에 오트마르 차이들러가 최초로 합성했는데, 그는 당시 스트라스부르대
학의 아돌프 폰 바이어의 실험실에서 박사과정 학생으로 연구하고 있었
다. 그러나 차이들러는 DDT의 적당한 용도를 발견하지 못했고, 그 물
질은 60여 년 동안 빛을 보지 못하고 묻혀 있었다.

뮐러는 스위스 바젤에 있던 J. R. 가이기 사(社)에서 화학자로 일하
다가 DDT를 우연히 연구하게 되었다. 그는 염료와 무두질 용액을 연구

하면서 경력을 쌓기 시작하여 직물에 생기는 좀의 예방으로 관심 영역을 옮겼다. 그러다가 1935년(카슨이 미국 수산청에서 일을 시작하던 해)에 농작물 해충을 퇴치하는 화학물질을 찾기 위한 연구를 시작했다.

해충을 물리적 또는 생물학적으로 방제하려는 시도는 적어도 로마시대부터 시작되었다. 당시의 학자 플리니우스에 따르면, 키레네에서는 농작물을 먹어치우는 메뚜기를 일 년에 세 차례 잡도록 법으로 정해 놓았다고 한다. 어치와 갈까마귀는 해충을 많이 잡아먹는다고 알려져 있어 농부들이 아주 반기는 새였다고 한다. 로마와 그리스의

스위스 공업화학자 뮐러는 DDT가 아주 뛰어난 효과가 있는 살충제라는 사실을 발견했다. 실제로 DDT는 제2차 세계대전 때 수많은 인명을 구하는 데 기여했다. 뮐러는 그 공로로 1948년에 노벨상을 받았지만, 얼마 후 DDT가 지닌 치명적인 문제점이 드러나기 시작했다.

일부 저술가들은 양배추 사이에 나비나물을 심으면 배추벌레를 퇴치하는 데 효과가 있다고 기록했다. 화학적 방법 역시 수천 년 전부터 사용되었다. 그리스와 로마에서는 황을 기름과 섞어 살충제로 사용했고 식물 추출물과 역청(수소·탄소 등이 결합한 천연 화합물)도 널리 사용했다. 중세 유럽에서는 오히려 화학적 방제가 뒷걸음질쳤는데, 대신 놀랍도록 자주 열린 종교재판을 통해 해충을 파문하는 방법을 사용했다. 16세기에만도 해충을 파문하는 재판이 18번이나 열렸다.

19세기 초에는 과학자들이 담배 같은 천연 살충제나 석회와 소금 같은 천연 제조제를 너해 다양한 회학적 처리 방법을 강구하기 시작했다. 우연히 발견된 파리스그린(Paris green ; 구리와 아세트산과 비소의

로마 사람들은 어치가 해충을 많이 잡아먹는다며 논밭에 날아오는 것을 환영했다. 이러한 '생물학적 방제'는 1950년대에 이르러 값싸고 효과적인 화학살충제에 밀려나게 되는데, 살충제가 자연계의 동물까지 중독시킨 것은 아이러니한 일이다.

혼합물)은 포도에 서식하는 해충을 제거하는 데 효과가 있는 것으로 밝혀졌다. 밀밭에서 잡초를 없애는 데에는 황산구리가 사용되었다. 농부들에게 이러한 화학적 처리 방법이 확대되면서 시안화수소산(청산), 이황화탄소, 비산납도 사용되었다.

생물학적 방제 방법에도 진전이 있었다. 1873년 캘리포니아 주에서 아주 극적인 실험이 이루어졌는데, 해외에서 들여온 베달리아무당벌레를 대량으로 방출하여 크게 번지고 있던 캘리포니아감귤깍지벌레를 퇴치했다. 하지만 비소를 주성분으로 한 살충제가 여전히 제일 많이 사용되고 있었다. 그러한 살충제가 농부를 중독시키는 것으로 이미 알려져 있었는데도 말이다. 비소를 주성분으로 한 살충제가 인체에 미치는 해를 고려할 때, 1901년 미국에서 통과된 최초의 살충제 관련법이 제조업자에게 살충제에 비소를 더 많이 넣도록(부정을 막기 위해) 규정한 것은 아이러니가 아닐 수 없다.

20세기 초에 이루어진 대부분의 살충제 연구는 이러한 독성물질을 더 안전하고 효율적으로 사용할 수 있는 방법에 초점을 맞추었다. 그러나 뮐러를 비롯한 일부 과학자는 새로운 합성물질을 개발할 수 있다는 확신을 갖고 있었다. 뮐러는 '완벽한 살충제'가 갖추어야 할 조건을 목록으로 작성해보았다. 그것은 다음과 같은 성질을 가져야 했다.

1. 곤충에게 큰 독성을 나타낼 것.
2. 독성 작용이 빨리 나타날 것.
3. 포유류나 식물에게는 독성이 거의 없거나 전혀 없을 것.
4. 자극이나 냄새가 전혀 없거나 아주 미미할 것(어떤 경우라도 불쾌한 냄새가 나서는 안 됨).
5. 작용 범위는 되도록이면 광범위해야 하며, 가능하면 많은 절지동물[곤충 등]에게 작용할 것.
6. 효과가 오래갈 것. 즉, 화학적 안정성이 뛰어나야 함.
7. 가격이 쌀 것.

맨 마지막 조건이 특히 중요했다 —— 뮐러는 학계의 연구자가 아니라 치열한 경쟁 속에 살아가는 기업의 공업화학자였다. 뮐러는 훗날 "수

먹이를 먹고 있는 베달리아무당벌레. 캘리포니아감귤깍지벌레를
퇴치하기 위해 오스트레일리아에서 수입한 베달리아무당벌레는
1880년대에 캘리포니아 주의 감귤 산업을 살리는 데 한몫했다.
카슨은 이 '생물학적 구제' 방법을 긍정적으로 평가했다.

백 가지 물질을 시험해보았지만 별다른 성과를 얻지 못했다. 훌륭한 접촉성 살충제를 발견하는 것은 쉽지 않았다"고 말했다. 연구한 지 4년이 지난 1939년 9월, 뮐러는 DDT를 시험해보기로 했다. DDT는 살충제로서는 거의 완벽했다. DDT는 자신이 제시한 조건을 거의 모두 만족시켰다. 이 하얀 가루의 독성 작용이 너무 늦게 나타나는 게 아닌가 염려되긴 했지만 그 독성이 아주 강하다는 것은 의심의 여지가 없었다. "얼마 후 내 파리 우리는 너무나도 독성이 강해서 철저히 세척을 했는데도 불구하고, 그 벽에 닿은 파리는 바닥으로 떨어졌다. 나는 그 우리를 완전히 분해하여 철저히 세척한 다음, 밖에 한 달간 방치한 후에야 실험을 다시 할 수 있었다." 그토록 찾던 '완벽한 살충제' 가 발견된 것이다.

제2차 세계대전과 DDT

스위스 정부는 즉각 콜로라도감자잎벌레에 대해 DDT 효과를 시험해보았다. 결과는 성공이었다. 1941년에는 스위스에서 DDT를 주성분으로 한 살충제가 시판되기 시작했다. 미국 농무부도 곧 DDT의 효능을 시험해보았는데, 1943년에 농작물을 대상으로 한 실험에서 성공적인 결과를 얻었다. 하지만 사람에게 치명적인 기생충인 이를 없애기 위해 DDT를 사용한 것은 전쟁 때였다.

전쟁에 활용된 합성 화학물질은 DDT뿐만이 아니었다. 독일 과학자들은 화학전을 준비하는 과정에서 곤충에게 치명적인 합성물질을 많이 개발했다. 정확하게 말하면, 사람에게 치명적인 화학물질을 시험하는 데 곤충이 사용된 것이다. 예를 들면, 1930년대 말 게르하르트 슈라더가 개발한 인(P) 화합물은 곤충에게 큰 독성을 나타내는 것으로 밝혀졌다. 나치는 'E 605'의 잠재력에 큰 관심을 가졌고 독일의 바이어 사에서 곤충에 대한 독성 효과를

이를 없애기 위해 DDT를 몸에 뿌리고 있는 미군 병사. DDT와 그 밖의 여러 살충제는 제2차 세계대전 때 많은 군인과 민간인의 목숨을 구했다.

비밀리에 연구했다. 그렇지만 그들의 관심은 학문적인 것이 아니었다. 바이어 사의 화학자들은 나치의 수용소에서 수백만 명의 목숨을 앗아간 '지클론-B' 가스도 개발했다. 전쟁이 끝난 후 'E 605'는 살충제 '파라티온'으로 세상에 새롭게 등장했다.

이와는 대조적으로 DDT는 전쟁 기간에 상당히 인도적인 목적으로 사용되었다. 발진티푸스를 옮기는 이는 1차대전 때 500만 명 이상의 목숨을 앗아갔다. 연합군 사령부는 2차대전 때도 이같은 재난이 반복되지 않을까 우려했다. 연합군은 1943년 말 이탈리아 침공 작전을 준비하고 있었는데, 나폴리에서 발진티푸스가 크게 번질 조짐이 보이자 1944년 1월 모는 시민과 연합군 병사에게 DDT를 듬뿍 뿌림으로써 발진티푸스의 창궐을 막을 수 있었다. 겨울철에 확산되기 시작하던 발진티푸

스가 도중에 즉각 멈춘 것은 역사상 처음 있는 일이었다. 그 후 DDT는 전쟁 기간뿐만 아니라 종전 뒤에도 남태평양의 섬들과 말라리아가 창궐하던 지중해 일부 지역의 미군을 위해 모기를 퇴치하는 용도로 사용되었다.

1948년 뮐러는 "여러 절지동물에게 작용하는 접촉성 독성물질로 뛰어난 효과를 발휘하는 DDT를 발견한 공로로" 노벨 생리학 및 의학상을 수상했다. 노벨상 수상 이유는 DDT의 원래 개발 목적인 농작물 해충 박멸이 아닌 전쟁 기간과 그 후에 수많은 시민의 목숨을 구한 공로 때문이었다. 뮐러는 영웅 대접을 받았다. 스웨덴의 왕립 과학아카데미 회원인 구스타프 헬스트룀은 노벨 만찬회에서 뮐러에게 이렇게 말했다. "DDT는 파리를 죽이고, 말라리아를 옮기는 모기를 죽이고, 발진티푸스를 옮기는 이를 죽이고, 페스트를 옮기는 벼룩을 죽이고, 열대병을 옮기는 나방파리를 죽이지요. 보통 사람들의 마음속에서 당신은 인류에게 크나큰 은혜를 베푼 사람으로 각인돼 있습니다. 따라서 정신에 깃드는 최악의 병인 교만에 빠지는 것을 피하기 위해 성인의 겸허함이 필요할지도 모릅니다."

뮐러는 실제로 꼼꼼한 화학자다운 겸손함을 조금은 보였다. 그는 1948년에 아직도 DDT가 곤충을 죽이는 정확한 메커니즘을 완전히 이해하지는 못한다고 시인했다. 그러나 그는 일종의 교만과 자만에 빠지기 쉬운 과학계에 몸담고 있었다. 뮐러는 1948년 12월 11일 노벨상 수상 연설에서 그 당시의 과학자들이 갖고 있던 생각을 여실히 보여주었

다. 그는 독일의 의학 연구자 지그문트 프랑
켈의 말을 인용했다.

토머스 미즐리는 살아 있을 때에는 아주 훌륭한 발명가로 칭송받았다. 그러나 그의 혁신적인 발명품인 유연 가솔린과 CFCs(오존층을 파괴하는 화학 물질)가 초래한 환경문제 때문에 훗날에는 비난을 받았다.

> 예술가는 노예처럼 자연을 모방하는 단순
> 한 재현을 예술의 목적으로 삼지 않습니다.
> 그는 자신의 주관적인 미의 개념으로 새로
> 운 아름다움을 탄생시킵니다. 그것은 자연
> 의 모습과 일치하는 아름다움이 아닙니다.
> 그는 예술가 특유의 표현을 통해 자연 그대
> 로의 모습을 새로운 아름다움으로 창조해
> 냅니다. 이와 마찬가지로 합성화학자는 새
> 로운 종류의 물질을 창조해야 합니다. ……
> 그 과정에서 그는 예술가가 주관적인 입장에서 아름답게 보이는 것을
> 심사숙고하여 창조하는 것처럼 상상력을 최대한 발휘해야 합니다.

1930년대와 1940년대의 화학혁명기에 만들어진 많은 합성 화학물
질은 훗날 찬사와 비난을 함께 받게 된다. 자아도취에 빠진 발명가들은
문제를 해결하는 동시에 문제를 만들어내고 있었다. 미국의 공학자이자
발명가인 토머스 미즐리는 가솔린 엔진의 '노킹'(연료 혼합물이 내연기
관 안에서 비정상적인 폭발을 일으키는 것) 문제를 해결하기 위해 꼬박 6
년을 보낸 끝에 마침내 사에틸납을 가솔린에 첨가하여 그 문제를 해결
했다. 그리고 훗날 그는 냉장고에서 독성물질이 새어나오는 문제를 단 3
일 만에 해결했는데, 그 해결책은 CFCs(클로로플루오로카본)를 냉매로

1935년 뉴욕 시 51번가에서 연방 수사 요원이 밀매된 술 10만 병을 압수하는 광경이다. 뻔뻔한 밀조업자는 독성 화학물질을 사용해 가짜 술을 만들었다.

사용하는 것이었다. 그로부터 수십 년이 지난 후에야 가솔린에 포함된 납이 뇌의 성장에 손상을 입힌다는 사실과 CFCs가 '오존 구멍'의 주범이라는 사실이 밝혀졌다. 휴스턴대학의 존 라이언하드는 "미즐리는 미국인의 삶을 두 번 바꾸었다. 그리고 그 두 번의 발명 유산은 우리의 생명을 위협했다"고 말했다.

훗날 효과가 오래도록 나타나는 잔류성 오염물질로 드러나는 그 밖의 '아름다운' 창조품으로는 폴리염화비페닐(PCBs ; 전기 장비에 사용하며, 미국과 유럽에서 많이 제조되었다), 헥사클로로벤젠(HCB ; 밀에 기생하는 곰팡이균 살균제 및 합성 고무의 원료), 린덴(감마-헥사클로로시클로헥산 ; 지금도 머릿니를 없애는 살충제로 사용되고 있다) 등이 있다. 앞에서 말했듯이, 새로 발명된 이 물질들이 모두 처음부터 순수한 목적으로 만들어진 것은 아니다. 파라티온은 제2차 세계대전 때 독일의 IG파르벤 사의 자회사인 바이어 사에서 개발한 신경 독소 'E 605'로 개발되었다. 그런데도 합성물질에 대한 과학계의 자부심이 얼마나 대단했는지, 당시의 거창한 회사명과 상품명(헤라클레스 파우더, 빅터, 프레온, 톡사펜 등)에서 그것이 잘 드러난다.

이 시대에 일어난 가장 기묘한 사건 중 하나는 금주법이 시행되던 시절인 1930년에 일어났다. 밀주 제조업자들은 자메이카생강으로 술을 내제할 수 있는 훌륭한 음료수를 만들 수 있다는 사실을 알게 되었다. 문제는 그것을 충분히 확보하는 것이었다. 그런데 양심이 불량한 일부 화학자들은 파라티온과 아주 비슷한 인산염 화합물을 첨가하면 톡 쏘는 맛이 있는 대체 합성물질을 만들 수 있다는 사실을 발견했다. 불행하게도, 밀조된 가짜 자메이카생강을 마신 사람들 중 1만 5천여 명이 '자메이카생강 중독성마비'로 평생 불구자가 되었다.

카슨의 어린 시절과 교육

레이첼 카슨은 1907년 마리아 카슨과 로버트 카슨의 셋째 아이로 태어났다. 어릴 적은 펜실베이니아 주의 스프링데일에서 살았는데, 그 당시 이곳은 앨러게니 강변을 따라 목제 가옥과 과수원이 늘어서 있는 목가적인 전원 도시였다. 그러나 근처에는 북아메리카 제철 · 강철업의 중심지인 피츠버그가 있었기 때문에 스프링데일도 급속한 산업화의 물결에 휩쓸릴 수밖에 없었다. 도시의 양쪽 끝에 거대한 발전소가 하나씩 서 있었기 때문에 카슨 가족은 산업화에 따른 오염을 직접 경험했다.

카슨은 "나는 아주 어린 시절부터 책을 많이 읽었다"고 말했다. 이 사진은 다섯 살 무렵 집에서 기르던 개 캔디와 함께 노는 모습이다. 카슨은 여덟 살 무렵부터 직접 이야기를 쓰기 시작했고, 3년 뒤에는 그녀의 작품이 처음으로 잡지에 실리게 된다.

어린 시절 카슨은 자연연구운동에 열렬하게 동참한 어머니와 함께 들새들과 화석으로 변한 조개 껍데기를 바라보면서 자연 세계의 경이로움에 큰 즐거움을 느꼈다. 글을 읽기 시작하면서부터는 동물 이야기에 푹 빠져들기 시작했는데, 특히 베아트릭스 포터의 작품에 나오는 토끼와 케네스 그레이엄의 『버드나무숲에 부는 바람』에 나오는 두꺼비, 두더지, 쥐를 좋아했다. 그리고 얼마 지나지 않아 자신이 직접 동물 이야기를 쓰기 시작했다.

카슨은 또 어린이 잡지인 『세인트 니콜라스』를 애독했는데, 11세 때 처음으로 쓴 이야기가 이 잡지에 실렸다. 이 잡지에 글을 발표함으로써 그녀는 윌리엄 포크너, 스콧 피츠제럴드, 에드워드 e. 커밍스처럼 다재다능한 어린 작가의 대열에 합류하게 되었다. 그렇지만 그녀는 1년

1920년대 중반에 어머니 마리아 맥린 카슨과 함께 찍은 사진. 어머니는 카슨에게 어린 시절부터 자연을 사랑하는 마음과 글쓰는 법을 가르쳤고 1958년에 세상을 떠날 때까지 가까운 동반자로 지냈다.

안에 네 편의 이야기를 출판하고, 세 차례의 상을 받고, 최초로 10달러를 벌어들이면서 이들 세 영재 작가를 능가했다. 게다가 그녀가 쓴 이야기는 귀여운 동물 이야기가 아니라 전쟁 이야기였다.

카슨은 바다에 관한 것이라면 『모비딕』에서부터 『보물섬』에 이르기까지 무엇이든 닥치는 대로 읽어치우는 고독한 십대 소녀이자 이미 작품을 여러 편 발표하고 고료를 받는 작가였다. 1921년 그녀는 문학적 관심을 자연계로 돌리기 시작했다. 한 수필에서 그녀는 "나는 자연의 아름다운 것들을 모두 사랑하며, 야생동물은 모두 내 친구이다"라고 썼다.

1925년 카슨은 펜실베이니아여자대학(훗날 채텀대학이 됨)에 장학생으로 입학했다. 그곳에서 카슨은 메리 스콧 스킹커를 만났는데, 그녀는 카리스마가 넘치는 생물학 교수였다. 카슨은 그녀의 당당한 태도와 지적 능력에 호감을 갖게 되었다. 이내 생물학은 카슨의 자연 사랑에 새로운 지평을 열어주었다. 어느날 카슨은 폭풍우가 몰아칠 때 앨프레드 테니슨의 「록슬리 홀」이라는 시를 읽고 있었다. "거센 바람이 일어나 바다를 향해 포효하니, 이제 나는 떠난다." 이 구절을 읽는 순간, 카슨은 자신의 미래가 바다에 있음을 예감했다. 그때까지 바다를 한번도 본 적이 없었는데도 말이다.

글쓰기에 깊은 열정을 갖고 있던 카슨은 얼마 후 어려운 결정을 내려야 했다. 전공을 영문학에서 과학으로 바꿀까 하는 고민 때문이었다. 1928년 초에 카슨은 글쓰기를 접고(그녀는 그렇게 생각했다), 과학을 공부하기로 결정했다. 카슨은 생물학 학사학위를 딴 뒤 동물학 석사학위를 따기로 계획을 세웠다. 카슨의 전기를 쓴 린다 리어는 카슨이 "1920년대와 30년대에는 교수 부문이나 연구 부문을 막론하고 여성이 과학계에서 주류가 되는 것이 쉽지 않다는 사실을 잘 알고 있으면서도 야심만만했다"고 썼다. 경제 상황마저 여성에게 불리하게 돌아갔다. 대공황의 여파로 과학연구 부문의 투자와 예산이 크게 줄어들어 남성조차도 과학자로 살아갈 기회가 크게 줄었기 때문이다. 펜실베이니아여자대학에서도 교수진의 주요 보직은 거의 남성이 장악하고 있었다.

카슨은 우등생으로 펜실베이니아여자대학을 졸업하고, 존스홉킨스대학에서 석사과정을 계속할 수 있는 장학금을 얻었다. 그녀가 맡은 연구 과제는 거북 두개골의 비교해부학이었다. 1929년 여름에는 6주 동안 매사추세츠 주 우즈홀 해양생물학연구소에서 수습 연구원으로 일했다. 그 연구소의 분위기는 느슨하고 사교적이었으며 여성에게 호의적이었다. 카슨은 수산청에서 나온 과학자들을 만났고, 썰물 때가 되면 해

1950년 우즈홀의 부두에서 메모를 하고 있는 카슨. 1929년에 해양생물학연구소에서 일을 한 것은 평생 동안 바다에 큰 매력을 느꼈기 때문인데, 그곳에서 얻은 경험과 지식은 바다에 관한 베스트셀러 두 권을 쓰는 계기가 되었다.

변에서 많은 시간을 보내곤 했다. 이때부터 카슨은 해양생물학에 흠뻑 빠져들게 되었다.

존스홉킨스대학에서 카슨은 선구적인 유전학자 허버트 S. 제닝스 밑에서 연구하고 독불장군이던 인간 생물학자 레이먼드 펄의 실험실 조수로 일하는 기회를 얻었다. 그와 동시에 필수 과목이던 유기화학 강의도 들었는데, 70명의 수강생 중 여성은 딱 두 명뿐이었다. 그것은 카슨으로서는 화학자의 난해한 세계를 처음 접하는 기회였으나 별다른 감흥은 느끼지 못했다(비교적 수월하게 학점을 받긴 했지만).

시간과 돈에 쫓기던 카슨은 존스홉킨스대학에서 논문을 쓸 적당한 주제를 찾기 위해 애썼다. 처음에는 거북으로 정했다가 북살무사, 날다

수산청의 엘머 히긴스는 1935년에 카슨을 고용하면서 이렇게 말했다. "나는 자네가 쓴 글을 단 한 글자도 본 적이 없지만, 모험을 한번 해보려고 하네." 그 모험은 큰 성공을 거두었다. 카슨은 1952년까지 그곳에서 일했다.

람쥐로 계속 바꾸었다. 그러다가 마침내 1932년 메기의 신장에 관한 논문으로 석사학위를 받았다. 카슨은 강사로 임용될 기회를 보장받았지만, 대학이 재정적인 압박을 받고 있어 1934년에 박사과정을 그만둘 수밖에 없었다. 대공황 때문에 젊은 여성 과학연구자가 일자리를 찾기란 무척 어려웠다. 그런 상황에서도 카슨이 수산청의 교육부에서 파트타임 일을 얻어 엘머 히긴스와 함께 일하게 된 것은 행운이었다. 그곳에서 카슨은 해양 생물에 관한 라디오 프로그램 시리즈를 담당하여 짧은 글을 썼다.

『해풍 아래서』 : 서정적인 해양생태학

수산청에서의 일을 출발로『볼티모어 선데이 선』 같은 신문에 해양과학을 대중적으로 소개하는 글을 쓰는 창작 활동의 시기가 시작되었다. 카슨은 바다, 특히 그 중에서도 체서피크 만 주변의 바다에 관한 지식을 깊이 쌓아갔다.

　　카슨의 글은 R. L. 카슨이라는 이름으로 발표되었기 때문에 독자들은 저자가 남자인 줄 알았다. 1937년『애틀랜틱 먼슬리』에 카슨의 수필「해저 세계」가 실리기 시작하자, 과학자나 작가 중 어느 한쪽 길을 택해야만 하지 않을까 하는 카슨의 고민은 잘못된 것임이 밝혀졌다. 카슨은 두 가지를 다 이뤘던 것이다.

곧 카슨은 바다에 관한 책을 쓰는 문제를 놓고 사이먼 & 슈스터 출판사와 접촉하게 되었다. 카슨은 헨리 윌리엄슨처럼 시적이고 쉬운 문체를 사용하고 싶었지만, 그렇다고 동물을 의인화하고 싶지는 않았다. 카슨은 과학자의 입장을 유지하였다. 『해풍 아래서』는 바다새, 고등어, 뱀장어에 관한 이야기를 서정적으로 쓰면서도 생태학적으로 충실히 고찰하는 데 성공했다. 카슨의 책은 좋은 서평을 받았다. 그러나 진주만 공격이 모든 것을 휩쓸어버렸다.

전쟁 기간과 그 후에 카슨은 새로이 통합된 어류 및 야생동물국에서 발행하는 다양한 간행물에 계속 글을 썼다. 그 가운데 '보존 활동'이란 시리즈물이 있었는데, 여기에 글을 쓰기 위해 미국 내의 야생동물 보호구역을 광범위하게 여행하면서 생태학을 더 깊이 이해하게 되었다. 한번은 메인 주 연안의 쉽스코트 강에 간 적이 있는데, 마법 같은 이 장소는 카슨에게 평생 동안 영감의 원천이 되었다.

어류 및 야생동물국의 연구자료는 다른 곳에 시사적인 글을 쓰는 데 도움이 되었다. 1945년 카슨은 DDT를 다룬 최신 실험 결과에 관한 글을 써서 『리더스 다이제스트』에 보냈지만 게재를 거절당했다. 개인적인 글로는 『아웃도어 라이프』에 실려 상을 받은 「보존 서약」이 있는데, 이 글은 생태학에 대한 카슨의 의식이 성장하였음을 보여준다. 1940년

『해풍 아래서』의 원고. 카슨의 책은 해양동물들의 삶을 귀엽게만 묘사하면서 비과학적으로 서술하던 기존의 책들과는 달리 동물들이 실제로 살아가는 모습을 일반 대중에게 생생하게 소개했다. 제2차 세계대전이 일어나는 바람에 이 책의 판매는 된서리를 맞았지만, 전쟁이 끝난 후에는 많이 팔려나갔다.

쉽스코트 강가에 자리잡은 메인 주의 위스캐싯. 카슨은 오염이 점점 심해져가는 고향 앨러게니와는 전혀 딴판인 쉽스코트 강 주변을 좋아했다.

대 말에 이르면 카슨은 바다에 관한 두번째 책을 쓰기 위해 자료를 수집하기 시작했다. 이때에도 전쟁 기간 동안 비밀 연구로 얻은 중요한 과학 지식을 활용할 수 있었다.

1948년 카슨은 야심 많은 문학 에이전트인 마리 로델과 계약을 맺었는데, 로델은 카슨이 작품에 전념할 수 있도록 색스턴기금을 지원받게 해주었다. 로델은 『우리를 둘러싼 바다』의 원고를 가지고 옥스퍼드대학 출판부와 출판 계약을 맺는 성과를 거두었다. 그 원고는 이미 20여 군데의 출판사에서 퇴짜를 맞았다는 소문이 나돌고 있었지만 사실 옥스퍼드대학 출판부는 원고를 가져간 두번째 출판사였다. 『뉴요커』는 1951년 6월부터 이 책의 내용 대부분을 연재하기 시작했고, 책은 그 다음 달에 출판되었다.

한국전쟁과 매카시 의원의 공산주의자 마녀 사냥*으로 불안한 시기에 독자들은 생태학을 다룬 카슨의 글에서 위안을 찾았다. 『우리를 둘러싼 바다』는 즉시 베스트셀러가 되었고, 카슨은 많은 상 및 극찬의 평과 더불어 재정적으로 독립할 수 있는 인세를 받았다. 다른 한편으로는 "결혼도 안 한 조카딸이 임신하여 집안이 발칵 뒤집힌 때에 어떻게 여성에게서 그런 작품이 나올 수 있었을까"라는 성차별적인 평도 받았다. 하지만 카슨은 안정된 수입을 확보하여 1952년 중반에는 어류 및 야생동물국을 그만두고 새로운 책을 쓰는 데 몰입했다.

1952년 전미 도서상 수상 연설에서 카슨은 "과학 지식이 연구실에 갇혀 성직자처럼 살아가는 극소수의 특권이라는" 가정에 대해 "그것은 사실이 아니며, 사실일 수도 없다"라며 부정했다. 카슨은 그 당시 미국에서 해충과의 전쟁을 준비하고 있던 화학자들을 염두에 두고 이렇게 말했던 듯하다.

해충과의 전쟁

제2차 세계대전이 끝나자 대량으로 쌓인 DDT를 더운 지역의 공중보건을 목적으로, 특히 말라리아를 옮기는 모기를 퇴치하는 목적으로 사용할 수 있게 되었다. DDT 살포와 배수작업을 동시에 진행하자 미국 남

---

* 1950년 2월 매카시 상원의원이 "미국무성에 공산주의자 205명이 있다"라는 폭탄 선언을 했다. 당시 미국은 중국의 공산화와 한국전쟁 등으로 공산세력의 팽창에 위협을 느끼고 있었다. 매카시의 이 선언으로 미국에는 반공주의가 득세하게 되었고, 수많은 정치인, 언론인, 학자들이 공포에 떨었다. 이러한 반공주의 열풍을 매카시즘(McCarthyism)이라고 한다.

1945년 유럽에서 모기를 박멸하기 위해 DDT를 살포하는 데 비행기가 사용되었다. 곧 미국에서도 질병 억제나 농작물 보호를 위한 살충제 공중살포가 널리 확산되었다.

부 지역에서는 말라리아가 퇴치되었다. 세계의 다른 지역에서는 더욱 극적인 결과가 나타났다. 1943년 베네수엘라에서는 말라리아 환자가 800만 명 이상 발생했는데, 1958년에는 불과 800명으로 줄었다. 인도에서는 1935년에 말라리아 환자가 천만 명 이상 발생했지만 1969년에는 28만 6천 명으로 대폭 줄었다. 공중보건 목적으로 DDT를 최초로 사용한 이탈리아에서는 말라리아 환자가 전쟁 말기에 41만 2천 명이었지만 1968년에는 겨우 37명으로 줄었다. 1969년 세계보건기구(WHO)는 DDT의 말라리아 퇴치 효과를 평가하는 성명을 발표했다.

우리는 DDT를 사용한 지 8년 동안 5억 5천만 명이 사는 나라들에서 약 5백만 명의 인명을 구하고, 1억 명의 환자를 예방하면서 …… 그것

도 DDT의 독성으로 인해 단 한 명의 인명 손실도 없이 …… 말라리아
를 퇴치하는 데 경이로운 기록을 세운 것을 자랑스럽게 여긴다.

오늘날 세계보건기구는 DDT 덕분에 말라리아로부터 5천만~1억
명의 인명을 구했다고 평가하지만, 현재 세계보건기구가 지원하는 말라
리아 퇴치운동은 개발도상국의 DDT 사용을 계속 허용할 것인지 여부
를 놓고 갈등하는 모습을 보이고 있다. 일부 전문가는 DDT의 사용을
그만두어야 한다고 주장하는 반면, DDT가 아직도 중요한 역할을 담당
하고 있다고 주장하는 사람들도 있다.

DDT는 단지 말라리아 같은 질병으로부터 인명을 구하는 용도로
만 사용된 것이 아니다. 선진국(특히 미국)에서는 농작물을 해치는 해충
을 퇴치하는 데에도 사용되었다. 농부들이 아무리 애를 써서 농사를 지
어도 매년 전세계에서 생산되는 전체 농작물 중 약 3분의 1이 해충 때문
에 사라졌다. 농작물 수확이 끝난 뒤에도 곤충, 미생물, 설치류, 새 등이
10~20%의 손실을 입히므로 전체 손실량은 40~50%에 이르렀다.
1952년경 곤충, 잡초, 질병으로 농부들이 입은 연간 손실액은 전체 농
업 생산액 310억 달러 중 130억 달러에 이르는 것으로 추정되었다.

그러므로 농부들이 비소를 주성분으로 한 이전의 위험한 살충제
대신 DDT나 그것과 비슷한 합성 살충제를 즉각 받아들인 것은 전혀 이
상한 일이 아니었다. 공중위생총국과 식품의약국이 실시한 실험에서는
DDT가 사람에게 미치는 심각한 독성 문제가 전혀 나타나지 않았고, 전
쟁 기간에 사용할 때도 문제점은 전혀 보고되지 않았다. 처음에는 과일
나무와 채소 작물에만 사용되었으나 곧 목화에도 사용되었다. 전후에

1930년대 대공황 시절 가난한 소작인 가족처럼 시골의 궁핍을 보여주는 사진들은 대중에게 큰 충격을 주었고, 살충제의 대량 사용과 함께 농업의 산업화를 지원하려는 노력을 낳았다.

비행기가 많이 남아돈 덕분에 공중살포가 점점 인기를 끌었다. 더구나 DDT는 식물에 조금만 묻어도 오랫동안 효과를 내기 때문에 공중살포에 알맞았다.

1950년 당시 미국인은 일곱 가구 중 한 가구가 논밭에서 일했다. 특히 농부에게 혹독한 시절이었던 대공황은 존 스타인벡의 소설『분노의 포도』와 워커 에번스가 찍은 소작인 사진을 통해 생생한 기억으로 남아 있었다. 미국 국민은 전쟁 동안 유럽인이 겪은 식량 부족을 경험하지는 않았지만, 국민들 사이에는 미국이 풍요의 땅(특히 식량에서, 물론 목재와 목화도 포함하여)이 되어야 한다는 공감대가 이루어져 있었다. 절대로 해충이 진보를 가로막는 훼방꾼이 되게 내버려둘 수는 없었다. 그 당시 기술적인 해결책을 갈망하던 국민의 뜨거운 열정은 결코 가볍게 여길 수 없는 것이었다. 프랜시스 조지프 와이스가 『사이언티픽 아메리칸』에 기고한 글은 1950년대 초의 정서를 잘 대변하고 있다. "화학적 영농은 아직 초기 단계에 머물러 있지만, 결국에는 기계가 최소한 지난 150년 동안 이룬 것과 맞먹는 수준으로 농업의 효율을 높여줄 것이다. 새로운 비료, 살충제, 살균제, 제초제, 고엽제, 토양 촉진제, 식물 호르몬, 무기염류, 항생제, 돼지를 위한 합성 우유 등으로 영농에 혁명이 일어나고 있다."

미국에서 DDT 같은 합성 살충제의 생산량은 1947년에 5만 5,800톤이었으나 1960년에는 28만 7천 톤으로 무려 다섯 배나 증가했다. 이것은 농업 부문에서 화학약품의 사용이 일반적으로 증가한 탓도 있지만, 마디개미, 매미나방처럼 우연히 들어온 외래 해충이나 네덜란드느릅나무병이 확산된 탓도 있었다. 1962년에 『침묵의 봄』이 출판되었을 때, 미국에는 500여 종(그 제조법은 무려 5만 4천 가지나 되는)의 화합물이 살충제로 등록돼 있었다. 카슨은 이들 살충제를 도매 가격으로 환산하면 2억 5천만 달러(오늘날의 가격으로 치면 14억 달러)가 넘을 것이라고 추산했다. 카슨은 또한 "산업계의 계획과 전망에 비추어보면, 이 엄청난 생산량도 시작에 불과하다"고 지적했다. 영농 방법과 기술의 개선, 그리고 합성 살충제 덕분에 해충으로 인한 농작물 손실이 대폭 감소하여 농업 생산성은 전례 없이 증가했다.

전쟁이 끝난 후, 농부들과 미국 농무부는 해충 방제에 대한 DDT의 잠재력을 깨닫고 무분별하게 사용하기 시작했다. 제1차 세계대전이 끝난 후 브라질에서 들어온 마디개미의 예를 살펴보자. 마디개미가 심각한 해충으로 보이지는 않았지만, 30cm 높이의 개미집은 트랙터를 모는 농부의 눈에는 거슬리는 것이었다. 그러다가 1957년 농무부에서는 남부 9개 주 2천만 에이커의 면적에 살충제를 대량 살포하여 마디개미를 박멸한다는 계획을 세웠다. 이 어마어마한 규모의 계획은 살충제 산업계에는 희소식이 아닐 수 없었다.

DDT는 완벽한 살충제가 아니었다

뮐러가 1948년에 노벨상을 타기 전부터 과학계에서는 DDT에 대한 의혹이 제기되고 있었다. 1945년에 어류 및 야생동물국과 그 밖의 정부 기구들은 DDT에 대해 의문을 제기하기 시작했다. 연구자인 존 조지는 이미 1946년에 뉴욕 주 클리어레이크 지역에 DDT를 살포한 직후 물고기와 새들이 죽었다는 보고서를 작성했다. 그리고 일부 해충은 DDT에 대한 내성이 발달하기 시작하여 농부들은 점점 더 많은 양의 살충제를 뿌려야 했다. 특히 목화밭이 심각했다.

1945년 12월 15일 R. A. M. 케이스는 『영국의학저널』에 'DDT가 사람에게 미치는 독성'에 대한 논문을 썼다. 그는 요즘 사람들에게는 아주 이상하게 비칠 실험을 소개했다. 먼저 DDT를 녹인 수성 페인트를 칠한 벽에 다시 유성 페인트를 두껍게 칠했다. 그리고 그 벽에다가 두 영국 해군 연구자가 맨살을 갖다댔다. 두 사람은 이렇게 보고했다. "피로감과 몸의 무거움, 팔다리의 통증이 생생하게 느껴졌고, 정신적 고통도 매우 심했다. 신경이 극도로 예민해졌고 …… 아무런 일도 하기 싫었다. …… 아주 간단한 정신 활동도 제대로 할 수 없을 것 같았고 때때로 극심한 관절 통증을 느꼈다."

1948년 일리노이 주 엘패소에서 옥수수에 구멍을 내는 조명충나방을 죽이기 위한 DDT 실험이 실시되었다. 조명충나방은 매년 수천만 달러의 손해를 입혔지만, 카슨은 이와 같은 화학적 해충 방제 방법에 비판적인 입장을 보였다.

사람을 대상으로 한 살충제 실험은 1970년대까지는 일반적인 관행이었는데, 연구자들은 종종 죄수들 중에서 인간 기니피그(주로 실험용으로 사용되는 쥐과의 작은 동물)를 선택하곤 했다. 『침묵의 봄』은 인간 실험에 대한 비극적인 이야기를 많이 들려준다. 한 연구자는 살충제 흡입이 인간에게 어떤 영향을 미치는지 확인해보기 위해 파라티온을 극소량 흡입했다가 순식간에 온몸이 마비되는 바람에 공들여 만들어 가까운 곳에 놓아둔 해독제를 마시지 못하고 죽고 말았다. 카슨은 특히 미국 공중위생총국의 독극물학자인 웨일런드 헤이스를 비난했다. 헤이스는 51명의 자원자를 대상으로 DDT를 뿌린 음식을 먹이는 실험을 했다. 실험을 끝까지 마친 사람은 거의 없었는데, 카슨은 그 후의 결과를 계속 추적하지 않은 데 대해 분개했다.

해양생물 연구에서 녹색 선언으로

카슨은 『우리를 둘러싼 바다』를 통해 인류의 파괴성을 경고했다. 이 책은 100만 부 이상이 팔렸고, 1950년부터 오늘날까지 환경도서로서는 유일하게 『퍼블리셔즈 위클리』가 집계한 연간 베스트셀러 10위 목록에 올랐다(『침묵의 봄』도 여기에는 오르지 못했다). 카슨은 구겐하임재단기금을 받아 세번째 책을 쓰는 데 착수했다. 『바다의 가장자리』라는 제목의 이 책은 해변에 관한 생태학적 안내서로, 비판적인 찬사를 받으며 1965년에 출판되었다.

한편 카슨은 급속도로 확대되고 있던 자연보호운동에 발을 들여놓게 되었다. 10년 동안 참여의 폭을 조금씩 늘려오긴 했지만, 개인적인 문제를 계기로(메인 주 웨스트사우스포트에 새로이 마련한 별장 주위의 숲을 보호하기 위해) 더 깊이 발을 들여놓게 되었다. 카슨은 1935년에 설립된 자연환경보전협회에 가입했고, 오두봉협회 회원으로 계속 활동했으며, 개인 자선가들과 연결망을 구축했다. 또 1951년에 설립된 비영리 단체인 '자연보존'에도 관여했다. 카슨은 1956년 9월에 메인 주 지부를 설립할 것을 고려하고 있던 소수의 열정적인 현지 주민 앞에서 "우리의 삶은 생물과 환경의 밀접한 상호관계를 이해함으로써 더 풍요로워진다"고 말했다. "'자연보존'은 실제로 자연을 보존하는 유일한 단체이기 때문에 호소력이 크다." 카슨은 '자연보존'이 설립된 직후 여성 명예회장으로 추대되었고, 평생 동안 그 직함을 자랑스럽게 여겼다.

레이첼 카슨은 해양생물 표본을 연구하기 위해 조수 웅덩이를 조사하느라고 며칠 밤낮을 보내곤 했다. 위의 사진은 1955년에 야생동물 화가 밥 하인스와 함께 조수 웅덩이를 살펴보고 있는 장면이다. 직접 현장을 방문하여 쌓은 생태학 지식은 그녀의 책이 성공을 거두는 데 중요한 역할을 했다.

1960년 존 F. 케네디가 대통령에 당선되자 자연보호운동은 더욱 세력을 키우게 되었다. 케네디와 내무부 장관 스튜어트 유들은 오염과 야생자연의 훼손을 우려하는 목소리를 내기 시작했고, 연방에서 지정한 보호구역을 더 늘리기 위해 기금을 조성하자고 제안했다. 유들은 내무부 장관 시절에 쓴 『소리 없는 위기』에서 "많은 나라는 국토의 일부를 원시상태로 보존할 수 있는 선택권마저 없다"고 했다. "더 늦기 전에 우리는 행동을 취하지 않으면 안 된다. 자연보호구역 체계는 누구나 인간이 누릴 수 있는 최고의 경험이라고 여기는 것을 제공해줄 것이다."

유들은 인간이 야생자연에 가하는 위협에 주목했다. 그러나 원시림은 미국이 수입한 최악의 생물인 매미나방에게도 공격받고 있었다.

1991년 뉴저지 주 오션타운십 상공에서 매미나방 방제를 위한 공중살포가 이루어지고 있다. 현대의 살충제는 독성이 크게 약해지긴 했지만, 90년대까지도 공중살포가 이루어지는 광경을 카슨이 보았더라면 충격을 금치 못했을 것이다.

화가이자 아마추어 곤충학자인 레오폴드 트라우블롯은 미국의 실크 산업을 발전시킬 목적으로, 누에와 이종교배할 수 있는 매미나방을 프랑스에서 들여왔다. 그러나 매미나방은 1869년에 매사추세츠 주 메드퍼드에 있던 그의 실험실에서 야생으로 빠져나가기 시작했다.

　매미나방은 뉴잉글랜드 지방으로 서서히 퍼져나갔다. 하지만 1955년 무렵에는 검역을 엄격하게 실시하고 있었고, 매미나방의 천적을 이용하거나 국지적으로나마 살충제를 살포하는 등 일련의 방제 조처를 취하고 있었기 때문에 매미나방이 애디론댁 산맥을 넘어 더 이상 확산되지 않을 수 있었다. 그러므로 다음 해에 매미나방을 억제하는 정도가 아니라 아주 박멸하기 위해 대량 공중살포를 실시하기로 결정한 것은 농무부 산하 식물해충방제과의 급격한 정책 선회를 보여주는 조처였다.

1956년에는 미시간 주, 펜실베이니아 주, 뉴저지 주, 뉴욕 주에서 약 100만 에이커의 삼림지대에 DDT를 연료유에 녹여 살포했다. 1957년에는 추가로 300만 에이커에 DDT를 공중살포한다는 계획이 발표되었다.

자기 집 위에 DDT가 살포되는 것을 막기 위해 조류학자 로버트 쿠슈먼 머피를 비롯한 롱아일랜드 주민들이 집단중독 반대위원회를 결성했다. 이들은 법정 소송도 제기하여 오염의 증거를 널리 알리면서 시민의 항의에 대해 정부가 보인 강압적인 대응을 세

매미나방은 나무에 치명적이다. 1950년대에 살충제 공중살포를 통해 매미나방을 박멸하려는 시도는 자연보호운동가들을 경악시켰고, 레이첼 카슨이 『침묵의 봄』을 쓰는 계기가 되었다.

상에 공개했다. 법정 소송은 1960년까지 계속되다가 결국 대법원으로 넘어가 세부적인 법적 문제로 인해 기각되었다. 법원의 공중살포 중지 명령을 얻어내려는 롱아일랜드 주민의 노력이 실패하자 매미나방의 주요 서식지인 삼림지대뿐만 아니라 교외의 농경지, 뒤뜰, 목장에까지 DDT가 살포되었다.

워싱턴 시의 오두봉협회에서 일하던 어스턴 반스는 마디개미 박멸 계획에 대해서도 비판적이었다. 그는 농무부의 무분별한 해충 방제 계획에 대해 카슨에게 처음으로 경각심을 심어준 사람이다. 그렇지만 무엇보다도 카슨을 분노로 끓어오르게 만든 것은 1958년 1월 12일자 『보스턴 헤럴드』에 실린 동해안의 '집단 중독'에 관한 분노의 편지였다. 그

습지에서 자라는 넌출월귤. 1959년의 넌출월귤 사건은 살충제 오염에 대한 경각심을 일으켰고, 대통령 후보로 나선 존 F. 케네디와 리처드 닉슨은 국민의 불안감을 불식시키려고 갖은 애를 썼다.

것은 친구인 올가 오언스 허킨스가 카슨에게 보낸 편지였는데, 뉴잉글랜드 지방에서 나방과 모기를 없애기 위해 대량 살포한 후 새들이 죽어가는 것을 직접 목격한 이야기를 담고 있었다. 1958년 2월 1일까지 카슨은 이와 관련된 정보를 수집하고 나서 의심이 커졌으며 자신이 '엄청난 사실'을 발견했다는 느낌이 들었다. 결국 카슨은 살충제 살포에 대한 글을 쓰기로 결심했다.

모든 정보를 종합해보면, 살충제 살포를 하청받은 회사(그들은 면적에 따라 돈을 받은 것이 아니라 살충제 사용량에 따라 돈을 받았다)는 종종 무분별한 행동을 했고, 공무원들은 어떤 항의나 이의제기에도 오만하게 대응했다.

살포 직후에 양봉업자들은 큰 타격을 받았는데, 벌도 다른 곤충과 마찬가지로 DDT에 약했기 때문이다. 야채나 과일을 재배하는 농부나 낙농업자 역시 잔류 DDT로 인해 큰 경제적 손실을 입었다. 살충제가 닿은 상추 같은 농산물은 불에 탄 것처럼 변해버렸고, 완두콩에서는 실험 결과 잔류 살충제가 법정 허용량의 세 배나 검출되었다. 잔류 살충제가 검출된 우유는 주 사이에서 거래되지 못했다. 연줄이 좋은 마조리 스폭(벤저민 스폭 박사의 여동생)은 2에이커의 밭(그때까지만 해도 미국에서는 아주 드문 유기 농지였다)에 하룻동안 열네 차례나 살충제 살포를

추수감사절 만찬을 즐기고 있는 미국의 한 가정. 1959년 미국의 대중들은 넌출월귤 소스가 제초제 아미
트롤에 오염되었을지도 모른다는 사실을 알고 경악했다.

받았다. 많은 사람들은 자신의 밭에서 야생동물이 갑자기 사라진 것을 슬퍼했고, 살충제가 사람의 건강에 미치는 해악에 불안해했다.

보통 미국인들이 『침묵의 봄』에 열광적인 반응을 보인 것은 어떤 산업재해나 과학논문, 법정 소송 때문이 아니라 1959년에 일어난 넌출월귤 사건 때문이었다. 새로 나온 제초제 아미노트리아졸(일명 아미트롤)은 1956년 미국 농무부에 식료품 이외의 목적으로 사용하도록 등록되었는데, 나중에는 넌출월귤밭에 사용하는 것도 허용되었다. 다만 수확이 끝난 후에 뿌려야 한다는 전제 조건이 붙어 있었다. 그러나 1957년 태평양 북서부 지역의 일부 재배업자들은 수확이 끝나기 전에 이 제초제를 뿌렸다. 그 후 넌출월귤에서 제초제 성분이 검출되자, 미국식품의약국(FDA)은 이 지역에서 재배된 넌출월귤을 시장에서 모두 회수하도록 했다. 안전한 잔류 농약 허용치가 얼마인지 전혀 알려져 있지 않았기 때문이다.

1959년 추수감사절이 다가올 무렵, 독성 시험 결과 처음의 우려가 기우가 아니었음이 밝혀졌다. 쥐를 대상으로 한 실험에서 제초제에 발암물질이 들어 있다는 것이 확인되었다. 미국 넌출월귤협회는 의심되는 상품을 모두 회수하는 조처를 취했지만, 그래도 오염된 상품 일부가 유통되었다. 보건교육복지부 장관인 아서 플레밍은 오염된 장과류가 완전히 없어졌다고 확신할 수 있을 때까지 모든 넌출월귤의 유통을 금지한다고 발표했다. 그러자 오염되지 않은 장과류를 재배하고 있던 뉴잉글랜드 지방의 재배업자들이 분개했다. 정치적 경쟁도 사태를 악화시키는 데 한몫했다. 대통령 후보로 나선 리처드 닉슨과 존 F. 케네디는 농촌 유권자의 표심을 잡기 위해 입안 가득 넌출월귤을 집어넣는 쇼를 연출했다(이것은 초기의 선거용 정치쇼 중 하나로 꼽힌다).

그러나 대중은 속지 않았다. 이 사건은 정부의 살충제 관리에 큰 구멍이 뚫려 있음을 적나라하게 보여주었다. 1959년 11월 카슨과 그 동료들은 FDA의 넌출월귤 금지에 관한 청문회에 참석했다. 거기서 살충제 산업계가 제출한 증거가 아주 형편없다는 사실에 충격을 받았고, 그들의 오만함과 금전적인 압력에 놀랐다. 카슨은 『침묵의 봄』을 탄생시키게 될 연구에 착수하면서 이때 얻은 교훈을 잊지 않았다.

The Book

『침묵의 봄』의 내용

『침묵의 봄』이 큰 성공을 거둔 것은 무엇보다도 레이첼 카슨의 훌륭한 연구 능력과 복잡한 정보를 종합하여 명확하고 쉽게 제시하는 재능 때문이었다. 그렇지만 책이 나온 시기도 절묘했다.

살충제 문제에 관한 글을 쓰는 기회라면 그만큼 좋은 때도 없었고, 카슨은 그것을 일종의 임무라고 생각했다. 카슨은 책이 저자를 찾는다고 말한 적이 있는데, 『침묵의 봄』이 바로 그런 경우였다. 1950년대 말 카슨은 해양과학을 시적이고 대중적으로 쓴 세 편의 작품을 발표했다. 그러고 나자 그 장르에서 밑천이 거의 바닥난 듯한 느낌이 들기 시작했고, 원고료는 많이 받더라도 영감이 결여된 그렇고 그런 작품을 쓰면서 재능이 고갈되어 갈 위기를 맞이했다.

1957년 초만 해도 『침묵의 봄』은 공중살포 문제, 특히 주거 지역에서의 공중살포를 놓고 벌어진 롱아일랜드의 법정 소송에 관해 윤곽만 그려놓은 상태였다. 카슨은 자신의 아이디어를 『뉴요커』의 전속 작가이자 유명한 자연보호운동가인 E. B. 화이트에게 말하면서 그런 글을 써보지 않겠느냐고 제안했다. 다행히도 그는 제안을 거절하면서 카슨에게 직접 그 일을 해보라고 말했다. 카슨은 책에 관한 아이디어를 좀더 발전시켜서 기획안을 호턴미플린 출판사에 제안했다. 처음에 카슨은 야심만만하지만 자신과는 전혀 코드가 맞지 않는 젊은 기자 에드윈 다이어먼드와 함께 책을 쓰려고 계획을 세웠다. 『뉴스위크』에서 과학 편집자로 일하던 다이어먼드는 수상 경력이 있는 작가와 함께 책을 쓴다는 데 흥분했다. 카슨은 다이어먼드가 다리품을 팔아야 하는 취재 조사를 상당 부분 맡아주고, 롱아일랜드 소송 사건에 관련된 자세한 자료에도 쉽게 접근할 수 있을 것으로 기대했다. 『뉴요커』의 편집자 윌리엄 숀은 카슨을 만나 호감을 느끼고 2회에 걸쳐 연재할 2~3만 단어의 글을 써 달라고 부탁했다. 그 후 기대가 더 커진 그는 5만 단어(거의 책 한 권 분량에 이르는)로 된 글을 3회로 나누어 연재하자고 제안했다.

한편 다이어먼드는 공동 저자로 부적합한 인물임이 드러났다. 그가 가져오는 자료는 카슨이 원하던 것이 아니었고, 무엇보다 그는 살충제 산업에 대한 카슨의 비판적 태도를 공유하지 못했다.

1955년 『뉴요커』에 실을 글을 쓰고 있는 화이트와 그의 비평가 애완견. 훗날 화이트는 카슨에게 그녀의 책이 "『톰 아저씨의 오두막집』처럼 시대의 흐름을 바꿀 책이 될 것"이라고 말했다. 한편 『뉴요커』 편집자인 윌리엄 숀은 "우리는 대개 『뉴요커』가 세상을 변화시킬 수 있다고는 생각하지 않지만, 이번만큼은 그럴지도 모른다"고 말했다.

결국 호턴미플린 사와 출판 계약을 맺을 때 다이어먼드는 제외되었다. 이 일로 그는 카슨에게 반감을 갖게 되어, 훗날 『뉴스위크』의 책임 편집자가 된 뒤 『새터데이 이브닝포스트』에 "카슨이 과학자들을 매카시즘 식으로 중상한다"며 『침묵의 봄』을 비판하는 글을 썼다.

카슨은 특유의 섬세한 방식으로 자신이 얻은 정보와 자료를 종합하기 시작했다. 그녀는 살충제가 야생생물에 미치는 영향을 연구하는 열정적인 젊은 생태학자 봅 러드와 메이오 병원에서 백혈병 전문가로 일하는 말콤 하그레이브스를 비롯해 자신을 지원해주는 연구자들과의 관계를 점점 넓혀갔다. 많은 과학자들이 카슨의 『우리를 둘러싼 바다』를 높이 평가했기 때문에 때로는 일자리를 잃을 위험까지 무릅쓰고라도 비밀 정보를 기꺼이 제공해주려 했다. 카슨은 조수인 베트 해니와 함께 발표된 연구 결과를 샅샅이 뒤졌다. 그 결과 점차 자신이 원하던 분명한 증거를 찾아낼 수 있었다. 그렇지만 모든 일이 순탄했던 건 아니다. 카슨은 한 친구에게 "제목을 정하는 건 정말 지긋지긋했다"고 털어놓았다. 그녀의 마음에 들었던 제목 후보는 '자연의 균형을 바로잡는 방법', '자연의 통제', '인간 대 자연', '인간 대 지구', '인간을 위한 반대' 등이었다. '침묵의 봄'이란 제목을 제안한 사람은 카슨이 아니고, 편집자인 폴 브룩스와 에이전트인 마리 로델이었다. 새의 노랫소리가 사라진 봄을 함축적으로 표현한 이 제목은 이 책에 담긴 가장 강렬한 경고의 메시지로, 새를 사랑하는 수백만 독자의 가슴에 직접 와닿았다.

늦어진 봄

건강이 악화되는 바람에 책의 출간이 꽤 늦어졌다. 1960년 초에 카슨은 십이지장궤양을 앓았고, 폐렴까지 걸렸다. 3월에는 가슴에 종양이 발견되어 유방 절제술을 받았다. 그 해 12월이 되어서야 카슨은 그 종양이 악성이었다는 사실을 알게 되었다(담당 의사는 수술 당시에 이 사실을 밝히지 않았다). 작품은 말 그대로 고통스럽게 나아갔다. 친구들은 걱정하기 시작했고, 에이전트인 마리 로델과 편집자인 폴 브룩스는 애를 태웠다. 카슨은 가까운 친구 도로시 프리먼에게 보낸 편지에서 이렇게 썼다. "그래, 『침묵의 봄』이 나오기까지는 뒷이야기가 참 많아. 얼마나 많은 병을 앓았던지! 미신을 믿는 사람이라면, 뭔가 사악한 힘이 작용해 어떻게 해서라도 책이 완성되는 것을 막으려고 한다고 믿었을 거야."

　　그러나 그렇게 지연된 시간은 오히려 책의 출간 시점을 아주 절묘하게 만들어주었다. 실제로 『침묵의 봄』이 예정대로 1960년 2월에 완성

되었더라면 아직 받아들일 마음의 준비가 되어 있지 않던 대중은 냉담하거나 미지근한 반응을 보였을 가능성이 높았다. 그러나 책이 출간된 1962년 중반에는 살충제의 위험에 대한 증거가 좀더 명확하게 드러나 있었기 때문에 미국 시민들은 공중살포의 위험과 보이지 않는 독성물질에 대해 훨씬 민감한 반응을 보일 수 있었다.

1957년 소련이 처음으로 대륙간 탄도 미사일의 보유 사실을 알리자 핵전쟁에 대한 공포가 높아졌다. 1960년대로 넘어올 무렵에는 아기의 치아에서 스트론튬-90이 검출되었다. 방

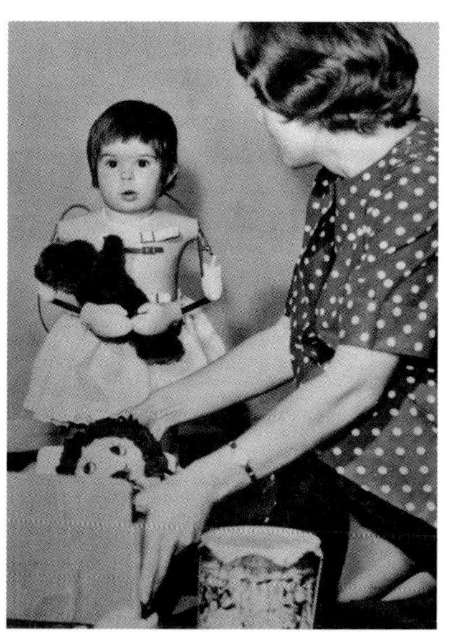

1963년 스톡홀름에서 팔 없는 여자아이가 태어났다. 이 아이의 어머니는 임신했을 때 탈리도미드를 복용했다. 이 사건은 북아메리카와 유럽의 시민을 경악케 했다.

사성 낙진에 대한 공포가 확산되었고, 전국에 방공호가 건설되었다. 1960년에는 U2 정찰기가 격추되면서 긴장이 고조되었고, 소련은 피델 카스트로가 통치하던 쿠바에 미사일을 실어날랐다. 1962년 여름, 네바다 주의 핵실험장에서 또 한 차례의 핵실험이 있었다. 핵실험을 반대하는 시위는 별로 없었지만 대중의 마음속에는 버섯구름의 어두운 이미지가 짙게 드리웠고, 공중살포에 대한 두려움 역시 커졌다.

탈리도미드 사건도 『침묵의 봄』의 등장에 이목을 집중시키는 여건이 되었다. 진정제와 수면제로 쓰이던 탈리도미드는 1950년대 말 서유럽과 캐나다에서 임신부에게 널리 처방되고 있었고, FDA의 승인이 나

지 않았음에도 불구하고 미국에서도 시제품으로 유통되고 있었다. 불행하게도 탈리도미드는 기형아 출산의 원인으로 밝혀져 1961년에 전면 회수되었다. 카슨은 책에서 탈리도미드를 언급하진 않았지만, 그녀나 독자들 모두 그와 유사한 사례(오만하고 성급한 의료 산업계, 새로운 '기적의 화학물질'에 대한 과도한 요구, 신중한 실험의 부족, 그리고 무고하게 희생되는 수만 명의 어린이)를 분명히 인식하고 있었다.

카슨은 『침묵의 봄』을 집필하는 동안 획기적인 두 권의 환경서가 혹독한 비평을 받는 걸 보았다. 두 책은 윌리엄 롱굿의 『우리의 음식 속에 들어 있는 독』과 머레이 북친이 루이스 허버라는 필명으로 출판한 『우리의 합성환경』이었다. 카슨은 자신이 다루는 주제와 관련된 책들을 폭넓게 읽었는데, 그 중에는 대량 소비주의를 비판한 존 케네스 갤브레이스의 『풍요한 사회』도 있었다. 이 책들은 소비주의와 과학과 산업 사이의 관계에 대한 견해를 정립하는 데 도움을 주었다.

카슨은 오랜 시간이 걸리는 방식으로 글을 썼다. 그녀는 글을 몇 번이고 고쳐썼으며, 종종 한 줄 한 줄을 큰 소리로 읽으면서 운율과 두운까지 맞추려고 노력했다(지칠 줄 모르는 카슨의 어머니가 80대의 나이에도 이 일을 대신 해주곤 했다). 보조 연구자인 베트 해니가 카슨이 과연 책을 끝마칠 수 있을지 의문을 가질 정도였다. 카슨은 화학회사들이 제기할지도 모를 소송에 대해서도 염려했다. 그래서 소송의 빌미를 줄 만한 회사명이나 제품명이 들어가지 않았는지 원고를 샅샅이 훑으며 일일이 확인했다. 카슨은 자신이 수집한 증거를 세심하게 정리하고, 주요 출처 명단을 자세하게 작성한 뒤에 호턴미플린 사의 법률 자문팀에 자문을 구했다. 또 일군의 전문가들에게 원고의 일부 혹은 전부를 읽혀 승인을 받았고, 여론 형성 집단에 수십 부의 교정본을 보냈다. 그리고 나서야 마침내 모든 준비가 완료되었다는 자신을 얻게 되었다.

그 글이 실린 『뉴요커』는 1962년 6월 신문 가판대에서 불티나게 팔렸고, 9월에는 책이 출간되었다. 크리스마스까지 그 책은 10만 6000부 이상 팔렸다. 그리고 1964년 카슨이 죽을 무렵에는 이미 100만 부 이상이 팔렸고, 출간된 지 10년이 지나기 전에 16개국어로 번역되었다. 크렘린(소련)에서도 즉각 비밀리에 『침묵의 봄』을 번역했다. 정치국원과 고급 간부 들에게 필독서로 200부가 배포되었다. 『침묵의 봄』은 그 후부터 지금까지 200만 부 이상이 팔렸다. 그러나 이 책의 지속적인 영향력을 보여주는 것은 이러한 판매량만이 아니다.

책의 개요

『침묵의 봄』은 자연계가 파괴된 세상을 인상깊게 묘사한 ‘내일을 위한 우화’(이 책 60~62쪽 참고)로 첫머리를 장식한다. 그 후 16개 장에 걸쳐 “우리 시대의 가장 큰 문제는 …… 해를 끼칠 엄청난 잠재력을 지닌 물질들로 우리가 사는 환경을 오염시키는 것”임을 분명히 보여준다. 두번째 장에서는 살충제와 방사성 낙진의 유사점을 강조하면서 자신의 입장을 피력한다. “화학살충제를 절대 사용하지 말아야 한다”는 것이 아니라, 특히 자신의 집에서 “시민은 치명적인 독성물질로부터 안전해야 한다”고 주장한 것이다. 세번째 장인 ‘죽음의 비술’은 지금까지도 영문학에서 살충제의 작용 방식을 이해하기 쉽게 설명한 보기 드문 글로 남아 있다. 그 뒤에 이어지는 일곱 장은 물과 토양 그리고 ‘하늘에서 무차별적으로 쏟아지는’ 다양한 환경문제를 다룬다. 여기서 독자들은 살충제가 어떻게 수많은 연어와 새와 갑각류, 심지어는 말까지도 죽이는지 이해하게 된다.

11장 '보르자 가문의 꿈을 넘어서' 는 무대를 자연계에서 부엌으로 옮긴다. 여기서 카슨은 특별히 충격적인 사실 두 가지를 보여준다. 하나는 식당의 모든 음식에 DDT가 들어 있다는 것이고, 또 하나는 앵커리지에 입원한 이누이트 족이 그들의 땅에서 나오는 오염되지 않은 음식 대신 병원에서 제공된 가공 음식을 먹고서 DDT에 중독되었다는 사실이다. 그 뒤에 이어지는 세 장에서는 살충제 때문에 우리가 치러야 할 대가를 말하는데, 특히 암과 살충제의 연관에 대해 파헤친다.

16장에서는 곤충과 그 밖의 해충이 화학적 살육에 대해 어떤 반응을 보여왔는지 설명하면서 그 중 많은 개체 군은 살충제에 대한 내성이 발달하게 되었다고 밝힌다. 마지막 장 '가지 않은 길' 에서는 혁신적인 과학자들이 개발하고 있던 화학살충제에 대한 대안을 살펴보고, '침묵의 봄' 을 불러온 주범인 '네안데르탈 인' 적 사고방식을 가진 살충제 산업을 통렬하게 비판하면서 끝을 맺는다.

카슨의 문체

『침묵의 봄』에 사용된 카슨의 수사법과 은유에 관해서는 수많은 책과 박사학위 논문이 나와 있으며, 그 중에는 원책보다 더 긴 것도 있다. 또한 『침묵의 봄』은 폴 브룩스, 크레이그 와델을 비롯한 수많은 문학 평론가를 바쁘게 만들었다. 방사성 낙진과 냉전에 관한 잦은 언급은 아주 자세히 분석되었다. 맵시있게 사용된 두운 역시 자세히 분석되었는데, 특히 기억할 만한 두 가지 예는 '치명적인 잔디' 와 '불임의 그림자' 이다.

모리스 리오단이 2004년 한 해 동안『침묵의 봄』에서 영감을 받은 작품을 선정한 것에서 알 수 있듯, 40년이 지난 지금에도 그 영향력은 시들지 않고 있다.

1950년대의 한 평범한 가정. 『침묵의 봄』은 미국의 보통 여성들이 야생자연의 파괴와 암에 대해 느끼는 두려움을 처음으로 생생하게 묘사했다.

문체상의 특징 중 특히 주목할 만한 점이 하나 있다. 카슨은 평범한 가정 주부를 과학계나 산업계에서 일하는 남성에 못지않게 중요하게 다룬다. 책에 나오는 가정 주부들은 일상적인 단어를 사용해 개인적으로 길게 이야기하며, 사는 마을과 이름까지 소개한다. 이와는 달리 '방제 담당자', '목축업자', '운동선수', '화학제품 영업사원', '마을의 아버지들', '연방 공무원' 등은 인용 구절은 물론이고 본문에서도 이름도 얼굴도 없는 회색 인물로 묘사된다. 인격체와 비인격체, 주부와 남자 기술 관료를 대비시키는 이러한 장치를 반복적으로 사용한 것은 이 책이 지닌 가장 큰 최면 효과 중 하나로, 개인 독자들을 끌어들이는 흡인력으로 작용한다. 그러나 이것은 위험한 장치이기도 하다. 많은 비평가들은 이 때문에 카슨을 한쪽 방향에 치우쳐서 교묘하게 여론을 호도한다고 비판했다. 『침묵의 봄』에 쓰여진 카슨의 글은 강렬하면서도 정확한데, 그것은 뒤에 소개하는 주요 구절에서도 충분히 볼 수 있다. 그렇지만 이미 수백만 독자들이 확인한 것처럼 『침묵의 봄』을 직접 읽어보는 것만큼 좋은 것은 없다.

내일을 위한 우화

아메리카 한가운데에 모든 생물이 환경과 조화를 이루며 살아가는 것처럼 보이는 마을이 하나 있었다. 이 마을은 바둑판 무늬처럼 뻗어 있는 풍요로운 농장들 사이에 자리잡고 있는데, 농장에는 곡식이 자라는 논밭과 과일나무가 자라는 언덕이 있었고, 봄이 되면 흰 뭉게구름이 푸른 논밭 위로 두둥실 흘러갔다. 가을이 되면 단풍이 든 참나무, 단풍나무, 자작나무가 소나무를 배경으로 불타듯이 너울거렸다. 멀리 산에서 여우 우는 소리가 들려오고 가을 아침의 안개 속에 소리 없이 논밭을 가로질러가는 사슴의 모습도 희미하게 보였다.

길가에는 월계수, 가막살나무, 오리나무, 큰 양치류, 들꽃이 연중 내내 지나가는 사람의 눈을 즐겁게 해주었다. 겨울철에도 길가는 여전히 아름다웠는데, 수많은 새들이 나무열매와 눈 위로 솟아나온 시든 풀의 씨앗을 먹기 위해 날아왔다. 사실 이곳은 다양한 새들이 아주 많이 사는 것으로 유명했다. 봄과 가을에 철새 떼가 이곳에 몰려들 때에는 이 새들을 보려고 많은 사람들이 멀리서 찾아오곤 했다. 물고기를 잡으려고 개울을 찾아오는 사람들도 있었다. 개울에는 산에서 내려오는 차갑고 맑은 물이 흘렀고, 송어가 알을 낳는 그늘진 웅덩이도 군데군데 있었다. 오래전에 최초의 이주자가 집을 짓고, 우물을 파고, 헛간을 세우던 시절부터 이러한 풍경은 계속되어왔다.

　그러다가 언제부턴가 이상한 재앙이 이곳을 휩쓸면서 모든 것이 변하기 시작했다. 어떤 사악한 저주가 마을을 덮친 듯했다. 닭 사이에 이상한 질병이 퍼져나갔다. 소와 양도 시름시름 앓더니 죽어갔다. 모든 곳에 죽음의 그림자가 드리워져 있었다. 농부들도 가족의 병에 대해 이야기했다. 의사들은 환자들에게 나타난 새로운 질병의 정체를 알 수 없었다. 원인을 알 수 없는 갑작스러운 죽음이 자주 발생했다. 어른뿐만 아니라 어린아이도 죽어갔는데, 잘 놀던 아이가 갑자기 몸이 아프다고 하더니 몇 시간 만에 죽기도 했다.

　마을에는 기묘한 정적이 감돌았다. 새들은 어디로 가버린 것일까? 많은 사람들이 머리를 갸우뚱거리고 불안해하면서 사라진 새들에 대해 이야기했다. 뒷마당에 새 모이를 놓아둔 곳도 텅 비어 있었다. 가끔 발견되는 새도 죽기 직전의 상태에 있었다. 몸을 심하게 떨었고, 날지도 못했다. 봄이 와도 새 우는 소리가 들리지 않았다. 전에는 아침이면 울새, 검정지빠귀, 비둘기, 어치, 굴뚝새를 비롯해 많은 새들의 합창이 울려퍼지곤 했는데 지금은 아무런 소리도 들리지 않았다. 들판과 숲과 습지 위에는 오직 침묵만이 감돌았다.

　농장에서는 암탉이 알을 품어도 알을 깨고 나오는 병아리가 없었다. 농부들은 돼지를 키울 수 없게 되었다고 불평했다. 태어난 새끼는 너무 작았고, 며칠도 못 가 죽었다. 사과나무는 꽃이 피었지만, 꽃 사이를 날아다니는 벌이 없어 수분이 일어나지 않아 열매를 맺지 못했다.

　예전에 그토록 아름답던 길가에는 마치 불길이 휩쓸고 지나간 것처럼 갈색으로 시든 식물만이 서 있었다. 살아 있는 모든 생물이 떠나간 이곳 역시 고요했다. 이제 개울에도 생명이 살지 않았다. 모든 물고기가 죽어 낚시꾼들도 더 이상 이곳을 찾아오지 않았다.

처마 밑으로 흐르는 도랑과 지붕 널 사이에 아직 흰색 가루가 군데군데 남아 있었다. 그것은 몇 주일 전 지붕과 잔디와 논밭과 개울 위로 눈처럼 뿌려진 가루였다.

재앙에 휩싸인 이 땅에 새 생명의 탄생을 막은 것은 사악한 주술도적의 공격도 아니었다. 그것은 바로 사람들 자신이 저지른 일이었다.

이 마을은 실제로 존재하지는 않지만, 미국이나 세계 어느 곳에서든 이와 비슷한 장소를 얼마든지 찾아볼 수 있다. 위에서 말한 것과 같은 모든 불행을 다 겪은 마을이 있다는 이야기는 듣지 못했다. 그러나 위에서 말한 모든 재앙은 실제로 어딘가에서 일어났고, 많은 마을이 이미 여러 가지 재앙을 겪었다. 죽음의 그림자는 우리가 눈치채지 못하는 사이에 이미 우리 곁에 슬그머니 다가와 있으며, 상상 속의 이 비극은 너무나도 쉽게 진짜 현실이 되어 우리 눈앞에 나타날지도 모른다.

미국의 수많은 마을에서 이미 봄의 목소리가 사라져간 원인은 무엇일까? 이 책은 그 원인을 설명하기 위해 쓰여졌다.

—레이첼 카슨, 『침묵의 봄』, 1장

『침묵의 봄』 16장의 원고. 여기서 카슨은 살충제를 "혈거인의 몽둥이만큼 조야한 무기"라고 표현한다. 카슨의 자신감 넘치는 글과 인상적인 문장은 미국인에게 메시지를 효과적으로 전달하였고, 화학산업계를 격분시켰다.

새는 더 이상 노래하지 않고

아마 가장 오래도록 기억에 남는 부분은 8장 '새는 더 이상 노래하지 않고' 일 것이다. 새의 노랫소리가 사라진 마을의 이미지는 대중의 의식 속에 핵겨울에 버금가는 악몽으로 각인되었다. DDT가 새에 미치는 효과를 집중적으로 부각시킨 것은 진심에서 우러난 것이었지만 전술적으로도 현명한 결정이었다. 평생 새를 관찰해온 카슨은 워싱턴 시의 오두봉협회 운영 회원을 지내면서 미 전역의 많은 사람들에게 자신이 잘 알려져 있다는 사실을 알고 있었다. 로저 토리 피터슨이 쓴 조류 관찰 안내서가 조류 관찰에 대한 폭발적인 관심을 불러일으켰고, 1960년에는 칼 부흐하이스터가 이끄는 전국오두봉협회 회원이 3만 명이 넘었다. 이들은 새의 죽음을 애도하는 책에 큰 관심을 보일 잠재적 독자였다.

'새는 더 이상 노래하지 않고' 는 네덜란드느릅나무병을 방제하기 위한 목적으로 느릅나무에 살충제를 살포한 결과를 주로 다루었다. 1930년대에 우연히 유럽에서 건너온 네덜란드느릅나무병으로 인해 미국 사람들이 자랑스럽게 여기던 느릅나무 수백만 그루가 죽음을 맞이했다. 1950년대 초 이 병은 미국 전역으로 확산되었고, 얼마 지나지 않아 DDT를 살포하게 되었다. 그러나 병에 걸린 느릅나무에 DDT를 융단 폭격하듯이 무차별적으로 살포하자 새, 특히 많은 사랑을 받던 울새의 수가 급감하게 되었다고 카슨은 보고했다. "수백만 미국인에게 울새의 출현은 혹독한 겨울이 끝났음을 의미한다. 그래서 울새의 출현은 신문에 보도되고 식탁의 화젯거리가 되어 왔다." 그러나 갈수록 미국인의 식탁에서 이야기되는 화젯거리는 왜 겨울이 끝나갈 무렵 앞뜰에 수십 마리의 죽은 울새들이 떨어져 있을까 하는 것으로 옮겨갔다. "이제 미국에

미국인에게 울새는 봄이 온 것을 알리는 전령이었다. 그러나 울새는 살충제에 중독돼 죽을 위험이 아주 높았다. 그런데 1962년 테네시 주 내슈빌에서 많은 울새들이 둥지를 짓는 기묘한 일이 일어났다. 비판론자들은 이 사건을 예로 들며 『침묵의 봄』의 주장이 틀렸다고 논박했다.

서 봄을 알리는 새가 돌아오는 것을 보기 힘든 지역이 점점 더 늘어나고 있다. 한때 새들의 아름다운 노랫소리가 가득 울려퍼지던 아침은 기묘한 침묵에 잠겨 있다"고 카슨은 썼다.

카슨은 새들이 살충제에 직접 접촉해서 죽는 것이 아니라 간접적인 경로로 죽는다고 설명했다. DDT로 오염된 낙엽을 먹는 지렁이의 몸 속에 DDT가 축적된다. 봄에 지렁이를 잡아먹는 새가 40여 종이나 되는데, 그 중에 울새도 포함된다. 1958년 미시간 주립대학 본교 캠퍼스에서는 새끼울새가 단 한 마리도 발견되지 않았다.

『침묵의 봄』에서는 많은 저명한 과학자들(대부분 남성이었다)이 제시한, 미국 전역에서 조류 개체 군이 사라져가고 있다는 증거를 살펴본다. 『침묵의 봄』에 나오는 과학 지식은 복잡하지만(특히 일반 독자에게는), 카슨은 명쾌하고 이해하기 쉬울 뿐만 아니라 아주 적절한 방식으로 설명한다. "발생학 실험실에서 청록색 알이 들어 있는 울새의 둥지가 있는 사과나무로 옮겨가는 것은 결코 불가능하지 않다." 카슨은 계속해서 매혹적인 두운이 사용된 문장을 이어간다. "알은 차갑게 놓여 있고, 생명의 불꽃은 며칠 동안 깜빡거리다가 이제 꺼져버렸다." 그렇지만 일반 독자들에게는 일리노이 주에서 위스콘신 주에 이르기까지 평범한 '주부' 들이 직접 목격해 들려준 이야기가 훨씬 설득력 있게 다가올 것이다. 카슨은 거대하면서도 외부에 잘 알려지지 않은 이 집단의 생생한 목소리에 귀를 기울인 최초의 환경과학자이자 작가였다. 그들은 환경의식이 강했고 종종 지역 신문의 독자 투고란에 의견을 적극적으로 내비치곤 했다. 밀워키 주의 한 여성이 보냈다는 다음 글을 보라. "머지않아 집 뒤뜰의 아름다운 새들이 모두 죽는 날이 올까봐 두렵습니다. 슬프고도 가슴이 미어지는 일입니다."

멸종 위기에 처한 독수리

아침에 노래부르던 새들이 사라져가는 것이 여성 독자들의 심금을 울렸다면, 미국 남성들에게 충격을 준 것은 같은 장에서 언급된 흰머리독수리 수가 감소하고 있다는 보고였다. 이 부분은 『침묵의 봄』에서 가장 감동적인 구절 중 하나이다.

> 멸종 위기에 처한 미국 새가 또 하나 있다. 그것은 미국의 상징인 독수리이다. 지난 10년 사이에 그 개체 수는 놀라울 정도로 크게 감소했다. 이 사실은 독수리가 사는 환경에서 독수리의 생식 능력을 망가뜨리는 일이 일어나고 있음을 시사한다.

> 독수리는 『침묵의 봄』이 출간되기 190년 전부터 미국을 상징하는 동물이었다. 미국의 헌법 제정자들은 흰머리독수리가 북아메리카에만 서식하는 고유한 종이기 때문에 국가 상징으로 정했다. 흰머리독수리는 1775년 대륙회의가 발행한 최초의 지폐에도 들어갔다(성조기는 1777년

물고기를 잡는 흰머리독수리. 흰머리독수리를 실제로 본 미국인은 많지 않았지만, 국가를 상징하는 이 동물이 멸종 위기에 처했다는 사실에는 모두가 걱정했다.

에야 들어갔다). 1950년대에 독수리는 개척정신, 자유, 남성의 힘을 상징하여 화폐뿐만 아니라 미국의 미술, 민속, 음악에서도 쓰였다.

흰머리독수리는 한때 미국 전역에서 흔히 볼 수 있었다. 19세기 초 루이스와 클라크가 탐험에 나서던 무렵 흰머리독수리의 수는 약 50만 마리에 이르렀던 것으로 추정된다. 그러나 1950년대에 미국 대륙에서 둥지를 짓고 사는 독수리는 1만여 쌍에 불과했다. 『침묵의 봄』이 쓰여질 무렵에는 멸종위기종의 지위로 전락하여 1960년대 초에 목격된 수는 500쌍 미만이었다.

독수리의 수가 이렇게 위태로울 정도로 급감한 근본 원인은 사람에게 있었다. 처음에는 대량 사냥을 통해, 다음에는 서식지 파괴를 통해 독수리를 멸종으로 몰아갔다. 1960년대 초까지 농작물에 많은 살충제

1962년 무렵 대부분의 흰머리독수리는 사진에서 보는 것과 같은 건강한 새끼를 낳지 못했다. 살충제가 그 원인이었지만, 알 껍데기가 얇아지는 현상과 같은 메커니즘은 아직 제대로 밝혀지지 않고 있었다.

가 살포되고 독성물질과 오염물질에 물과 먹이 공급원이 오염된 것은 그 수를 더욱 격감시키는 원인이 되었다. 『침묵의 봄』에서는 살충제가 독수리의 생식을 어떻게 방해하는지 알아내려는 초기의 과학적 노력을 설명한다. 전형적인 결과는 "키 큰 플로리다소나무 꼭대기에 무질서하면서도 정돈된 형태로 쌓여 있는 잔가지와 막대 속에 커다랗고 하얀 알 세 개가 생명이 식은 채 차갑게 놓여 있는" 것으로 나타났다.

다행히도 흰머리독수리가 겪는 생식의 어려움은 제때에 발견되었다. 다 자란 독수리는 몸무게가 7kg쯤 나가고, 날개 길이는 1.8~2.4m에 이른다. 독수리는 한 쌍이 평생 동안 함께 지내며, 충실한 짝이 죽을 경우에만 다른 짝을 선택한다. 특징적인 흰 머리와 꼬리깃은 4~5세 무렵부터 나타나며, 같은 시기에 부리와 눈도 노랗게 변한다. 독수리는 평균 수명이 40년쯤 되고, 새끼 독수리는 어른 독수리와 멀리서도 쉽게 구별된다. 이러한 특징 때문에 카슨처럼 노련한 아마추어 조류학자는 새끼와 어미를 쉽게 분간하고 새끼가 있는지 없는지 알아챌 수 있다. 카슨은 1945년 가을 오두봉협회에서 주최한 2일간의 매와 독수리 관찰 여행에 동참하여 펜실베이니아 주 동부에 있는 호크산 보호구역을 방문했다. 이 여행에서 카슨이 어린 독수리가 보이지 않는다는 사실을 알았든 몰랐든 간에 간에, 1960년대 초 흰머리독수리가 심각한 상태에 처해 있다는 사실은 명백했다. 다른 새들 못지않게 독수리의 운명도 카슨의 독자들을 충격에 빠뜨렸다.

네 명 중 한 명

울새가 사라지는 것을 통해 나타나건 독수리가 사라지는 것을 통해 나타나건 간에 '침묵의 봄'이라는 암울한 전망은 도시 근교에 사는 주부와 화이트칼라 노동자에게 카슨의 메시지를 분명하게 전달해주었다. 그리고 암에 관한 카슨의 보고는 보통 시민들조차 공포 속으로 몰아넣었다. 『침묵의 봄』은 살충제가 동식물에 미치는 영향을 다룬 책이라고 흔히 알려져 있지만, 카슨은 자신이 "우리 몸 속 세계의 생태학"이라 부른 것을 다루기 위해 '인간의 대가', '작은 창을 통해서', '네 명 중 한 명'이라는 세 장에 걸쳐 50여 쪽을 할애했다.

이 장들에서 카슨은 1940년대와 50년대에 일어난 세포생물학과 유전학의 기술적 발전을 살펴본다. 그리고 몸 속의 독성물질을 처리하는 사람의 간을 아주 복잡하고 중요하지만 작고 약한 동물인 것처럼 서술한다. 그리고 기본 교육을 받은 많은 의료계 사람들이 일반적으로 이러한 사실을 전혀 모르고 있다고 지적하는데, 여기에서 그녀가 과학자에 대해 지닌 평소의 불신이 드러난다.

그렇지만 카슨이 의학계 전체에 대해 비판적이었던 것은 아니다. 1927년 생물에게 X선을 쏘이면 그 자손이 돌연변이를 일으킬 수 있다는 사실을 발견해 노벨상을 받은 멀러 교수에 대해서는 호의적으로 언급했다. "곧 회색 방사성 낙진이 비처럼 쏟아지게 된 세상에서 이제 과학자가 아닌 사람도 방사선의 잠재적 영향력을 알고 있다."

화학물질도 방사선과 비슷한 방식으로 작용한다는 사실은 『침묵의 봄』에서 반복적으로 강조되었다.

많은 화학물질은 방사선의 동반자이며, 정확하게 똑같은 효과를 나타낼 수 있다는 사실을 간과해서는 안 된다.

화학물질과 방사선이 동격이라는 것은 또 한번 확인되며, 서로 분리할 수 없다.

일반 대중은 물론이고 대부분의 의료계 종사자나 과학자조차도 화학물질이 방사선과 비슷한 역할을 한다는 사실은 생각해본 적이 없다.

카슨은 미국인 중 결국 4천 500만 명이 암에 걸릴 것이라는 미국암협회의 예상 결과를 인용했다. "이것은 세 가구 중 두 명이 암에 걸린다는 것을 의미한다. …… 오늘날 암으로 죽는 미국 어린이는 다른 어떤 질병으로 죽는 어린이보다 많다."

카슨 자신도 책을 쓸 무렵 유방암에 걸려 있었으나, 그것을 비밀로 했다. 카슨은 의사가 자신의 병을 오진했다고 믿었다(의사는 그녀에게

1945년 롱아일랜드 해변에서 노는 사람들이 아무 생각 없이 DDT 세례를 받고 있다. 1962년까지 수백만의 미국인이 살충제 살포에 노출되었다. 『침묵의 봄』은 살충제와 암 사이에 관련이 있다고 주장하여 큰 논란을 불러일으켰다.

악성 종양이 아니라고 말했다. 그 당시에는 여성 암 환자에게 사실대로 말해주지 않는 것이 관행이었다). 이것은 의료계를 더욱 불신하게 만드는 또 하나의 원인이 되었다. 침묵의 봄 연구소에서 일하는 줄리아 브로디는 "환경운동을 촉발시킨 이 용감한 여성은 자신이 암에 걸렸다는 사실을 누가 알까봐 두려워했다. 그녀는 항암 치료의 부작용을 가리기 위해 가발을 썼다"고 말했다. 따라서 간 손상, 피부 종양, 백혈병 등을 거리낌 없이 다룬 이 장들은 카슨의 용기와 개인적 사명감을 보여준다.

카슨이 제시한 통계 자료는 일반 대중을 경악시켰다. 1960년대 초에는 암을 언급하는 것만도 사회적으로 금기시되는 행동이었다. 그러나 1960년에 미국에서 백혈병으로 사망한 사람은 1만 2천 290명이나 되었다. 나타난 증거에 따르면, 1950년에 11.1명이던 10만 명당 백혈병 사망자 수가 그 해에는 14.1명으로 급증하고 있었다. 카슨은 많은 논란을 낳은 메이오 병원의 혈액학자 말콤 하그레이브스의 연구를 많이 인용했다. 하그레이브스는 백혈병이 DDT와 그 밖의 살충제와 관련이 있다고 주장하면서 그 근거로 보통 사람들에 대한 사례 연구를 제시했다.

이들의 병력은 무엇을 말해주는가? 한 환자는 거미를 싫어하는 가정주부였다. 8월 중순에 이 여성은 DDT와 석유 증류액이 섞인 에어로졸 살충제를 들고 지하실로 내려갔다. 그녀는 계단 아래, 과일 찬장, 천장과 서까래 주위의 구석구석 등 지하실 전체에 살충제를 흠뻑 뿌렸다. 작업을 마치고 나자 몸이 아프기 시작했는데, 구토와 극도의 불안감과 신경 과민증이 나타났다. 그렇지만 며칠 지나자 나아졌다. 그 증상의 원인을 조금도 의심하지 않았던 그녀는 9월에 또 한번 대대적인 살충제 살포 작업을 했다. 살충제를 뿌리고 나서 앓아누웠다가 일시적으로 나아지자 다시 살충제를 뿌리길 두 차례나 반복했다. 살충제를 세번째 뿌리고 나자 새로운 증상이 나타났다. 열이 나고 관절에 통증이 오고 불쾌감이 들었으며, 한쪽 다리에 급성 정맥염이 나타났다. 하그레이브스 박사는 검사 결과 이 여성이 급성 백혈병에 걸렸다고 진단했다. 그녀는 그 다음 달에 죽었다.

이 장들은 충격적인 통계 자료와 비극적인 병력, 방사선에 대한 대중의 편집광적 반응까지 이용하여 설명하려는 카슨의 의식적인 노력이 결합된 것으로 『침묵의 봄』이 지닌 영향력에 크게 기여했다.

긍정적인 해결책

카슨은 자신의 책에서 '내일을 위한 우화'에 묘사한 종말 시나리오(독수리와 다른 새들의 운명, 백혈병과 그 외 질병의 급격한 증가 등)를 완화시킬 수 있는 긍정적인 해결책도 일부 제시해야 한다는 사실을 잘 인식하고 있었다. 카슨은 1958년 편집자 폴 브룩스에게 쓴 편지에서 "이 모든 것에는 심리적 측면이 있음을 나는 확신한다"고 썼다.

> 사람들, 특히 전문가는 무슨 일에 대해 반대하고 나서는 것을 주저한다. 특히 충분히 의심은 가지만 '그 무엇'이 잘못되었다는 확실한 증거가 없을 경우에는 더욱 그렇다. 그래서 그들은 개인적으로는 크게 염려하면서도 어떤 계획이 진행되는 것을 그냥 수수방관한다. 따라서 나는 긍정적인 대안을 만드는 것이 가장 중요하다고 생각한다.

4년 뒤에 책이 나왔을 때, 마지막 장 '가지 않은 길'은 바로 그러한 대안들을 제시한다. 그리고 나서 마지막으로 한번 더 화학산업계에 비수를 꽂는다.

카슨은 살충제 공중살포를 즉각적으로 또는 전면적으로 폐기하라고 주장하는 게 아니라는 점을 강조했다. 그녀는 "'발암물질의 바닷속에서 살아가는 것'은 물론 낙담스러운 일이고, 절망이나 패배주의적인 반응을 낳기 쉽다"는 사실을 인식했다. 그렇다면 어떻게 해야 하는가? "현대 세계에서 모든 화학적 발암물질을 제거할 수 있다거나 제거될 것이라고 생각하는 것은 비현실적이다. 그러나 그 중 상당 비율의 물질들은 생명이 살아가는 데 절대적으로 필요한 것이 아니다." 그녀는 대체나

감축뿐만 아니라 대안을 찾는 데 더 많은 연구를 쏟을 것을 촉구했다. 그녀는 책이 출판된 뒤에도 자신의 생각을 계속 발전시켜 나갔다. 출간 이후 일어난 사회적 반향 속에서 그녀는 최우선적으로 살충제 위원회를 만들었다. 이는 많은 점에서 환경보호국의 선례가 되었다. 예를 들어 연방정부나 주 정부의 해충 박멸 계획에 반대하는 대중의 활동과 시민의 주도적 자세를 촉구한 것이었다.

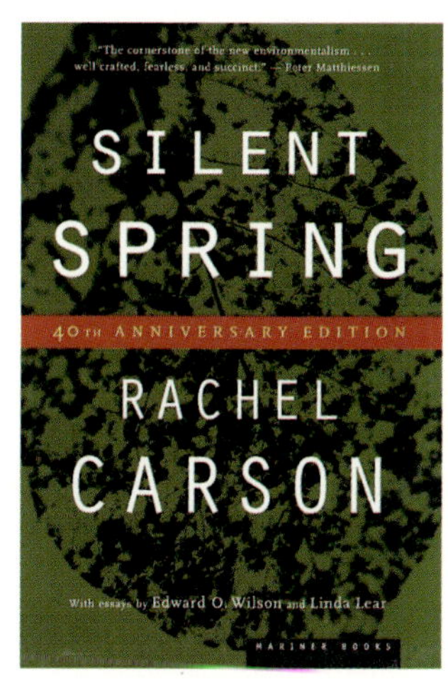

녹색 선언 40주년을 맞이해 출간된 책의 표지. 『침묵의 봄』은 지금도 잘 팔리고 있다. 닐센 북 스캔에 따르면, 미국과 영국에서만 매주 400권 이상 팔려나가고 있다.

　　『침묵의 봄』은 처음부터 폭발적인 반응을 일으켰다. 그 결과 즉각 살충제의 영향에 대한 정부 차원의 조사가 다섯 차례나 실시되었다. 1964년 6월 25일 카슨의 친구들과 동료 과학자들은 록펠러대학의 '공공 정보를 위한 과학자협회'에 모였다. 그들은 살충제의 악영향을 연구하고 해충 방제를 위한 대체 방안을 모색하기 위해 '살아 있는 환경을 위한 레이첼 카슨 기금'(지금은 레이첼 카슨 위원회라고 부름)을 설립하기로 결정했다.

가지 않은 길

우리는 지금 길이 두 갈래로 나뉘는 곳에 서 있다. 그러나 로버트 프로스트의 시에 등장하는 두 갈래 길과는 달리, 어떤 길을 선택하건 비슷한 결과가 나오지는 않는다. 우리가 오랫동안 여행해온 길은 아주 편하고 반반한 초고속도로로 우리는 그 위를 달리며 빠른 속도로 발전해왔지만, 그 끝에는 재앙이 기다리고 있다. 우리가 많이 가보지 못한 다른 길은 지구의 보존을 보장하는 목적지에 도달할 수 있는 마지막이자 유일한 기회라 할 수 있다.

선택은 결국 우리에게 달려 있다. 만약 그토록 많이 참아온 우리가 마침내 '알 권리'를 주장한다면, 그 결과 우리가 무분별하고 무서운 위험을 받아들이도록 강요받고 있다는 결론을 얻었다면, 독성 화학물질로 세상을 가득 채우라고 말하는 사람들의 충고를 더 이상 받아들이지 않을 것이다. 우리는 주위를 돌아보고, 어떤 또 다른 길이 있는지 찾아야 할 것이다.

화학적 곤충 방제를 대신할 수 있는 대안은 놀라울 정도로 많다. 어떤 방법은 이미 사용되어 큰 성과를 거두었다. 아직 실험 단계에 있는 것도 있다. 실험될 날을 기다리며 상상력이 풍부한 과학자의 마음속에 아이디어로만 자리잡고 있는 것도 있다. 이 모든 방법은 한 가지 공통점이 있다. 그것은 통제하고자 하는 생명체와 이들 생명체가 속한 전체 생물계에 대한 이해를 바탕으로 한 생물학적 해결책이라는 점이다.

…… 지구와 모든 생물이 더불어 살아가는 것에 초점을 두고 접근하는 새롭고 상상력이 풍부하며 창의적인 방법에는 한 가지 공통적인 주제가 있다. 그것은 우리가 생명을 다루고 있다는 인식이다──우리는 살아 있는 생물 개체 군과 생물들이 주고받는 작용과 반작용, 생물들의 팽창과 쇠퇴를 다루고 있다. 그러한 생명의 힘을 고려하고, 우리에게 유리한 방향으로 인도하는 방법을 신중하게 찾을 때에만 곤충 집단과 우리 사이에 합리적인 화해를 기대할 수 있다.

현재 유행하고 있는 독성물질 살포는 이렇게 가장 기본적인 것들을 철저히 무시해왔다. 동굴에 살던 원시인의 몽둥이처럼 조야한 무기인 화학적 살충제를 생명의 조직에 무차별적으로 살포해왔다. 그 생명의 조직은 한편으로는 약하고 쉽게 파괴되지만, 다른 한편으로는 불가사의할 정도로 끈질기고 회복력이 강해 예상치 못한 방식으로 역습해온다. 화학적 방제를 담당한 사람들은 생명의 이 놀라운 능력을 무시했으며, 그들이 다루는 거대한 힘 앞에 어떤 고결한 목적 의식도 없이, 어떤 겸허함도 느끼지 않은 채 임무를 수행했다.

'자연을 통제한다'는 말은 자연이 인간의 편리를 위해 존재한다고 가정하던 생물학과 철학의 네안데르탈인 시대에 태어난 오만한 표현이다. 응용곤충학의 개념과 실행 방법은 대부분 과학의 석기시대에 나온 것이다. 그렇게 원시적인 과학이 가장 현대적이고 가공할 무기로 무장한 사실, 그 무기를 곤충을 향해 겨누면서 동시에 지구를 향해 겨누게 되었다는 사실은 우리에게 크나큰 불행이다.

Immediate Impact

당대에 미친 영향

레이첼 카슨은 결코 명성을 기대하진 않았다. 카슨은 이미 『우리를 둘러싼 바다』가 아주 많이 팔려나가는 것을 경험했지만, 『침묵의 봄』은 절묘한 시기와 가독성 있는 서술과 자신의 명성에도 불구하고 일반 독자가 읽기에는 버거울 것이라고 생각했다. 그래서 1962년 9월에 출간된 책이 그 해 크리스마스 전 주에 이미 10만 6천 부나 팔렸다는 소식을 듣고 카슨은 매우 기뻐했다. 환경오염을 다룬 책치고는 놀라운 판매량이었다. 『퍼블리셔즈 위클리』가 집계한 1962년도 비소설 부문 베스트셀러 목록을 보면 삶의 지혜, 집안 꾸미기, 성생활을 다룬(때로는 세 가지 모두를 다룬) 내용의 책이 대부분이었다.

1963년 1월 염가본 출간과 함께 판매는 호조를 보였다. 판매량이 50만 부를 넘자, 동해안의 지식인뿐만 아니라 미국 전역의 농가와 가정 그리고 해외에서도 모든 사람이 그 책을 읽은 것처럼 보이는 전환점에 이르게 되었다. 심지어 베스트셀러 만화작가 찰스 M. 슐츠가 그린 만화 『피너츠』에서도 스누피와 그 친구들이 『침묵의 봄』에 관한 이야기를 했다. 1963년에 그린 한 만화에서 라이너스는 루시가 항상 레이첼 카슨 이야기를 한다며 불만을 털어놓는다. 그러자 루시는 "우리 여자들에게도 영웅이 필요해요"라고 대답한다.

『침묵의 봄』은 특히 젊은 독자층에 큰 영향을 미쳤으며, 젊은 반항아들에게 대의명분을 제공했다. 풍경사진 작가 로버트 글렌 케첨은 "집안의 벌레를 없애기 위해 살충제를 뿌리고 잔디를 건강하고 푸르게 하기 위해 화학물질을 마구 살포하려는 부모님과 격렬한 논쟁을 벌인 적이 있어요. 나는 그 물질들이 우리 개까지 죽일 것이라고 확신했거든요"라고 말했다. 전 부통령이자 오랫동안 환경운동가로 활동해온 앨 고어는 이렇게 회상한다. "『침묵의 봄』은 내게 아주 큰 영향을 미쳤다. 그것은 집에서 어머니의 강요로 읽고 식탁에 둘러앉아 토론을 나눈 책 중 하나였다. 누이와 나는 식탁에서 거론되는 책은 모두 싫었지만, 『침묵의 봄』에 대한 이야기는 행복한 기억으로 생생하게 남아 있다."

미국 대통령 존 F. 케네디와 소련 수상 니키타 흐루시초프는 둘 다 쿠바 미사일 위기에서 눈길을 돌려 『침묵의 봄』이 강조한 문제들에 관심을 기울였다. 연방 대법원 판사 윌리엄 더글러스와 작가 E. B. 화이트는 『침묵의 봄』이 19세기 노예제 반대운동을 이끄는 데 큰 역할을 한 해리엇 비처 스토의 『톰 아저씨의 오두막집』만큼 중요한 작품이라고 생각했다.

잉크가 마르기도 전에

이것은 사람들에게 쉽게 이야기할 수 있는 책이 아니다. 정말로 많은 독자를 끌어들이려면, 일종의 십자군 같은 것을 (지역 차원에서) 만들어내야만 한다.

—폴 브룩스, 호턴미플린 사의 편집자(1961)

『침묵의 봄』 팀(카슨, 편집자 폴 브룩스, 에이전트 마리 로델, 『뉴요커』 편집자 윌리엄 숀)은 책을 홍보하는 것이 쉽지 않을 것이라고 생각하고 있었다. 언론의 환심을 사는 것에 대해 카슨 자신이 보인 양면적인 태도도 한 가지 문제였다. 실제로 카슨은 첫 회분이 연재되었을 때 메인

1963년 타자기 앞에 앉아 있는 레이첼 카슨. 수줍음이 많고 나서기 싫어하는 성격이었던 카슨은 살충제와 생태학에 대한 자신의 메시지를 널리 전달하기 위해서는 언론 홍보가 필요하다는 것을 마지못해 받아들였다.

주에서 아무도 연락이 닿지 않는 곳에 숨어 있으려고 계획했다.

한편 카슨의 책에 대한 소식은 이미 정부의 고위 관계자에게도 알려졌다. 첫회분이 『뉴요커』에 실리기 한 달 전인 1962년 5월 중순, 내무부 장관 스튜어트 유들은 환경보존에 관한 백악관 회의에 카슨을 초대했다. 대법원 판사 윌리엄 더글러스와 시에라 클럽의 지도자 데이비드 브라워를 포함해 영향력 있는 많은 인사들이 책이 출간되기 전에 견본을 받았다. 유들은 자신의 적수인 농무부 장관 오빌 프리먼을 희생시킴으로써 케네디의 영향력을 확대시키는 데 살충제 문제를 이용할 수 없을까 저울질했다. 그래서 그는 고위 관료를 시켜 카슨과 관계를 유지하게 했다. 하원의원 존 린지와 상원의원 윌리엄 프록스마이어는 필요한 법안을 만들겠다고 제안했다. 케네디의 과학 특별 고문이던 제롬 위스너는 카슨의 글을 논의하기 위해 주무 부처의 장들이 참석하는 회의를 열었고, 대통령에게 사안을 보고하기 위한 부처 간 특별위원단이 만들어졌다. 『침묵의 봄』이 출간되기 한 달 전인 8월 29일, 케네디 대통령은 기자 회견에서 '카슨 여사의 책'을 언급했다.

언론의 관심도 커지기 시작했다. CBS의 인기있는 뉴스 프로그램인 'CBS 리포트'는 『침묵의 봄』을 뉴스로 다루는 데 관심을 보였다. 소비자 보호 단체인 소비자조합은 회원들에게 판매할 목적으로 4만 부를 사겠다고 제의했다. '이 달의 책 클럽'은 『침묵의 봄』을 10월의 책으로 선정했다. 그렇지만 한 화학회사(벨시콜 사)는 불쾌한 반응을 보였다. 벨시콜 사의 법률고문은 카슨이 미국의 식량 공급을 붕괴시키기 위한 공산주의자의 음모에 따라 활동하고 있다면서 책에 대해 소송을 걸겠다고 위협했다. 이 모든 것이 책이 정식으로 출간된 1962년 9월 27일 이전에 일어난 일들이다.

화학자들의 반격

『침묵의 봄』을 쓴 것은 용감한 행동이었다. 비록 1950년대 중반의 반공 논리에 바탕한 마녀사냥이 한바탕 휩쓸고 지나간 뒤 상원의원 매카시의 힘이 쇠퇴하긴 했지만, 아직도 기존의 권력체제에 반기를 든다는 것은 위험한 일이었다. 1956년에는 민요 가수이자 환경운동가인 피트 시거가 극작가 아서 밀러 외 여섯 명과 함께 의회 모독죄로 기소당했다. 하원 반미활동위원회에서 그와 정치 활동에 가담한 관계자들의 이름을 밝히지 않는다는 이유였다. 1961년이 되어서야 그의 사건이 법원으로 넘어갔고, 시거는 모욕죄로 10년형을 선고받았다. 그 다음 해에 세부적인 법적 문제로 사건이 기각되어 그가 풀려났지만 방송 프로그램은 수년간 그의 출연을 거부했다. 카슨이 책을 썼을 때는 온건파가 강세였지만 여전히 보수 강경파도 세력을 유지하고 있었다.

또한 화학산업은 제2차 세계대전 이후 미국인의 삶에서 최우선의 가치를 차지한 '진보'를 대표적으로 보여주는 것이었다. 1950년대부터 미국은 번영과 성공을 향해 나아갔고, 과학 발전이 그 견인차 역할을 했다. 예컨대 뒤퐁 사는 다른 화학회사들과 마찬가지로 미국 소비자의 총

1964년 뉴욕 주 퀸즈에서 열린 세계박람회의 뒤퐁 사 홍보관. 그 뒤에 코카콜라 사의 홍보관이 보인다. 뒤퐁 사 같은 화학회사들은 일련의 혁신적인 기술을 선보이면서 그 당시 미국 시민에게 큰 인기를 얻었다.

애를 받게 되었다. 뒤퐁 사는 전쟁 기간에 나일론을 발명했고, 1962년에는 라이크라(탄성이 우수해 수영복 등을 만드는 데 주로 사용되는 스판덱스의 상품명)를 내놓았다. 1960년대에 뒤퐁 사는 가정 주부에게 "화학을 통해 …… 더 나은 삶을 위한 더 나은 물건"을 약속하는 광고를 대대적으로 내보내고 있었다. 1964년 세계박람회 때 뒤퐁 사의 '경이로운 화학세계' 관에서는 활기찬 노래와 춤 공연을 선보이고 '미각의 집' 같은 것을 전시했다. 그런데 카슨은 용감하게도 화학회사들을 비판하면서 이 모든 것에 의문을 제기했다.

　직접 이름을 거명하는 반기업체 운동에 익숙한 오늘날의 독자들은

『침묵의 봄』에서 잘못을 저지른 기업을 구체적으로 거명한 사례가 거의 없다는 사실에 의아해할지도 모르겠다. 1950년대 말과 1960년대 초는 자본주의 사회에 대해 비판하는 것이 점점 용인되어가고 있던 변환기였다. 정치 이론가 헤르베르트 마르쿠제의 『일차원적 인간』은 많은 독자의 호응을 얻었고, 프랑스 사회학자이자 신학자인 자크 엘륄의 『기술의 역사』(『침묵의 봄』과 같은 해에 영어 번역본이 출간되었다) 역시 그러했다. 그러나 특정 미국 기업을 구체적으로 비판하는 것은 위험을 무릅써야 했다. 밴스 패커드의 경우 베스트셀러가 된 『보이지 않는 설득자들』에서 구체적으로 기업의 이름을 거명했다가 광고업계로부터 도덕 장사꾼이자 대중을 선동하는 음모론자라고 비난받았으며, 평생 동안 그러한 비난의 굴레에서 벗어나지 못했다. 윌리엄 롱굿의 경우에도 『우리의 음식 속에 들어 있는 독』에서 기업을 거명했다가 화학산업계로부터 사실이 아니라며 심한 비판을 받았다(그러나 롱굿은 1963년에 훌륭한 기자 활동으로 퓰리처 상을 받았다).

카슨은 아주 신중하게 행동했다. 암에 걸려 있었고 돈이 필요한 데다가 가족에 대해 큰 책임을 지고 있었기 때문에 그녀는 회사명이나 제품명을 구체적으로 언급하는 것을 피하려고 노력했다. 자신의 명성에 금이 가는 것은 두렵지 않았지만, 상품 이미지에 점점 더 신경을 쓰고 소송도 불사하는 화학회사로부터 소송을 당해 경제적인 부담을 떠안을까봐 걱정했던 것이다.

또 기업들의 비열한 짓을 두려워했다. 그러한 두려움은 전혀 터무니없는 것이 아니었다. 그녀가 죽은 지 1년 후인 1965년 랠프 네이더는 『어떤 속도에서도 안전하지 않다』라는 책에서 제너럴모터스 사(GM)가

1960년 루이지애나 주 룰링에 있던 몬산토 사 공장의 제어실. 몬산토 사는 『침묵의 봄』에 대해 비판적인 반응을 보였으며, 살충제를 금지할 경우 일어날 일을 경고하는 『황량한 시대』라는 책을 출판했다. 이 책은 『침묵의 봄』을 패러디한 작품이었다.

만든 자동차 코르베어의 안전성을 공격했다. 네이더의 전기 작가이자 시민 행동과 공공 정책을 위한 운동가였던 데이비드 볼리어에 따르면 "GM은 네이더의 신뢰성을 추락시킬 정보를 얻기 위해 사립 탐정을 고용해 뒷조사를 했다".

실제로 화학산업계는 『침묵의 봄』에 대해 분개했다. 그들은 카슨을 공산주의자이자 평화만 외치는 얼간이라고 비난했다. 살충제 제조 회사들은 즉각 『침묵의 봄』과 그 저자의 신뢰를 떨어뜨리기 위한 노력을 펼쳤으며, 결국 『침묵의 봄』에서 언급된 혐의를 논박하기 위해 최소 25만 달러(오늘날의 약 140만 달러)는 쏟아부었다. 살충제 시장이 도매 가격으로 약 16억 5천만 달러에 이르렀고 이들 회사들이 최신 홍보부를 운영했다는 걸 감안하면, 이것은 그다지 놀라운 일이 아니었다. 더 놀라운 사실은, 이 회사들의 대언론 홍보 전략이 카슨이 화학산업계를 묘사하는 데 사용한 '네안데르탈 인'의 이미지를 더 강화하려는 것처럼 보였다는 사실이다. 이것은 환경운동가뿐만 아니라 그 지지자들마저도 등을 돌리게 만들었다.

몬산토 사는 『침묵의 봄』을 패러디한 소책자를 5천 부 찍어 배포했다. 『황량한 시대』라는 제목을 단 이 소책자는 화학살충제를 금지한 탓에 기아와 질병과 곤충이 창궐하여 황폐하게 변한 세상을 그려냈다. 몬산토 사의 한 임원은 "이것은 우리가 지닌 홍보 능력을 최대한 발휘할 수 있는 기회였다"고 말했다.

『황량한 시대』는 카슨의 문체를 모방하려고 시도했다.

그러고 나서 조용히 황량한 시대가 시작되었다. 위험을 감지한 사람은 거의 없었다. 하기야 겨울 동안에는 파리 한 마리도 보기 힘들었다. 여기저기 벌레 몇 마리가 나타난다고 해서 무슨 일이 있겠는가? 살충제처럼 사소한 것이 우리의 행복한 삶에 무슨 영향을 끼치겠는가? 벌레들이 어디에 있단 말인가? 그러나 벌레들은 도처에 있었다. 눈에 띄지 않고, 귀에 들리지 않았을 뿐. 믿을 수 없겠지만 벌레들은 모든 곳에 있었다.

전국해충방제협회는 「레이첼, 레이첼」이라는 경멸적인 노래를 만들었고, 대대적인 반격을 주도한 전국농약협회는 『침묵의 봄』에 인용된 내용을 반박하기 위해 산문체로 쓴 『사실과 환상』이라는 제목의 소책자를 발행했다.

산업계뿐만 아니라 정치인과 언론까지 가세하여 카슨에 대한 인신공격까지 서슴지 않았다. 카슨의 지성과 의도, 심지어 정신 상태에 대해서까지 의문을 제기했다. 『타임』은 카슨의 "감정적이고 부정확한 분노"를 비판했다. 또 다른 사람들은 그녀를 "무분별한", "미지의 영역으로 모험의 발을 내디딘 작가", "그녀가 비난한 살충제보다 더 유독한", "어리석은 생각"이라는 말로 표현하기도 했다. 연방해충방제 감독청의 한

일부 비판가들은 카슨이 자연으로 돌아가자는 엘리트 의식에 빠져 있다며 그녀를 오늘날의 헨리 데이비드 소로라고 엉뚱한 비난을 퍼부었다. 그러나 『침묵의 봄』은 도시 근교에 사는 보통 미국인들이 지닌 선입견에 큰 반향을 불러일으켰다.

고위 인사는 "나는 그녀가 노처녀라고 생각했다. 도대체 그녀가 유전학에 대해 걱정할 게 뭐 있느냐?"라고 말했으며, 전(前) 농무부 장관 에즈라 태프트 벤슨은 카슨이 "필시 공산주의자"일 거라고 생각했다. 모든 공격이 책의 내용에 바탕해 이루어진 것도 아니었다. 펜실베이니아 주 베슬리헴의 『글로브-타임스』에 실린 한 보고서는 "오늘 군립 구호 대상자 농장 사무소에서 인터뷰를 한 사람 중 그 책을 읽은 사람은 아무도 없었지만, 모두 그 책의 내용을 강력하게 부정했다"고 썼다.

정부도 반격에 가세했다. 농업연구청의 어니스트 무어는 "자연의 균형은 책상머리에 앉아서 책을 쓰거나 소로처럼 월든 호수로 가서 살고자 하는 사람이 이해하기에는 너무나도 오묘한 것이다"라는 의견을 피력했다. 그는 계속해서 일반 소비자의 심리에 호소하기 위해 "오늘날 살충제를 뿌리지 않은 벌레 먹은 사과를 사려고 하는 주부를 나는 한 사람도 보지 못했다"라고 말했다.

『뉴요커』에 카슨의 글이 연재되고 나서부터 책이 출간된 9월 이전까지 『뉴욕타임스』가 '시끄러운 여름'이라고 부른 1962년 여름에는 반격의 불길이 드세게 일어났다. 아메리칸시안아미드 사의 로버트 화이트-스티븐스 박사와 그의 동료로 일하다가 학계로 돌아간 톰 주크스가 산업계의 주요 대변인으로 나섰다. 두 사람 모두 똑똑하고 존경받는 과학자였다. 게다가 화이트-스티븐스는 성(姓)이 귀족의 성처럼 들렸고,

1950년대 말 전국오두봉협회 사무실에 앉아 있는 롤런드 클레멘트. 순회강연을 다니면서 산업계의 대변자들과 지칠 줄 모르고 싸운 그는 『침묵의 봄』의 메시지를 널리 퍼뜨리는 데 어느 누구보다 큰 공을 세웠다.

그 스스로도 권위 있는 영국식 억양의 영어를 구사했으며, 하는 행동도 귀족 같았다. 그는 산업계가 원하던 바로 그런 사람이었다.

화이트-스티븐스는 『침묵의 봄』에 대해 수십 차례 공격을 가했으며, 카슨을 "자연 균형을 숭배하는 교단의 광신적인 옹호자"라고 불렀다. 그는 "논쟁의 요점은 카슨 여사가 자연의 균형이 인간의 생존을 좌지우지하는 중요한 요소라고 주장하는 반면, 화학자와 생물학자와 과학자는 인간이 자연을 계속해서 통제해가고 있다고 믿는다는 것이다"라고 생각했다.

카슨은 몸이 너무 아파서 결국에는 자신의 승리로 끝날 게 뻔한 싸움에 깊이 개입할 수 없었다. 전국오두봉협회의 롤런드 클레멘트는 잦은 공개 논쟁에서 『침묵의 봄』을 옹호하는 역할을 기꺼이 떠맡고 나섰

다. 그는 곧 화이트-스티븐스가 만만치 않은 상대라는 사실을 알게 되
었다. 그리고 일부 산업계 인사들이 제너럴모터스 사와 같은 비열한 짓
을 저지른다는 사실도 알아챘다. 클레멘트가 순회강연을 하러 다닐 때
그의 뒤를 따라다니며 일거수일투족을 감시하는 팀이 있었다. 그는 자
신에 대해 작성한 불쾌한 개인적 문서를 입수하고 신변 안전을 걱정하
게 되었다.

밖에서 이러한 적극적인 홍보 활동이 전개되는 중에도 화학회사
내부에서는 예전과 다름없이 일이 진행되었고, 『침묵의 봄』은 화학자들
의 연구에 별다른 영향을 미치지 못했다. 1950년대 요소 제초제 개발을
책임지고 있던 뒤퐁 사의 과학자 기드온 힐은 카슨의 전기 작가 린다 리
어와 인터뷰를 하면서, 뒤퐁 사의 과학자들은 『침묵의 봄』에 큰 관심을
갖지 않았으며 그 책이 연구의 우선순위를 바꿀 만큼 눈에 띄는 영향을
미치지도 않았다고 말했다. 뒤퐁 사의 살충제 연구와 개발에서 최대의
상황 변화는 1962년 이후에 일어났는데, 그것은 『침묵의 봄』 때문이라
기보다는 새로운 기회의 가능성 때문이었다. 뒤퐁 사의 홍보부는 그 책
의 중요성을 알고 있었고 화학산업계의 대응이 적절하지 못했다는 것을
분명히 인식하고 있었다. 그러나 과학자들은 "공개 논쟁에 거의 무관심
했다"고 리어는 결론적으로 말했다.

미국 전역의 여성들이 정기 간행물 편집자에게 보내온 편지들은
화학산업계가 행한 반격이 오히려 역효과를 내, 환경운동가들에게 지지
를 몰아주게 되었음을 시사한다. 그렇지만 카슨은 특히 과학자로서의
자격에 의문을 제기하는 비판에 큰 상처를 받았다. 1962년 가을 내내
카슨은 공개석상에서 말할 기회를 활용해 비판가들에게 강한 반격을 가

했다. 그러나 이미 그녀는 암뿐만 아니라 협심증까지 앓고 있었다. 호턴 미플린 사는 과학자와 화학산업 사이의 연결관계를 부각시키면서 카슨을 지지하는 광고를 게재하고, 그 다음에는 팸플릿까지 발행했다. 『사이언티픽 아메리칸』에 실린 심층 취재 기사는 대체로 카슨을 지지하는 내용이었다. 그러나 '침묵의 봄' 팀이 기울인 어떤 노력도 화학산업계가 'CBS 리포트'에 가부장적인 화이트-스티븐스를 연약한 카슨과 함께 나란히 출연시키기로 한 결정만큼 도움을 주진 못했다.

방송으로 전달된 메시지

『침묵의 봄』에 담긴 메시지를 전달하는 무대가 가두 연설에서 안방으로 옮겨지자, 한 시간짜리 텔레비전 방송이 『뉴요커』의 연재, 책 판매, 이 달의 책 선정, 산업계의 소책자 발행을 모두 합친 것보다 훨씬 큰 효과를 나타냈다. 1960년대 초만 해도 어떤 사건을 만들거나 널리 알리는 텔레비전의 위력은 그다지 크게 인식되지 않았다. 그러나 공적인 인물을 전혀 다른 각도에서 비추어주는 텔레비전의 친근감은 유명 인사를 살리기도 하고 죽이기도 했다. 가장 유명한 예로 대통령 후보 간에 벌어진 최초의 텔레비전 토론을 들 수 있다. 거기서 존 F. 케네디는 카리스마 넘치는 모습으로, 닉슨은 혈색이 나쁘고 땀을 뻘뻘 흘리는 모습으로

비쳤다. 텔레비전을 별로 보지 않았으며 토론이 있기 불과 얼마 전에야 텔레비전을 산 카슨은 'CBS 리포트'가 자신을 좋지 않은 시각에서 조명할까봐 염려하고 있었다.

카슨의 염려는 적중했다. 그 프로그램은 카슨에게 불리한 방향으로 편성되었기 때문이다. 연출가 제이 맥멀런과 진행자 에릭 세버레이드는 8개월 동안 그 프로그램을 준비했다(오늘날에는 상상도 할 수 없는 방만하고 사치스러운 계획이다). 그들은 화이트-스티븐스 외에도 카슨에 대해 비판적인 견해를 지닐 가능성이 큰 정부 고위 관리 대여섯 명과 인터뷰를 했지만, 카슨을 지지하는 사람과는 전혀 인터뷰를 하지 않았다. 프로그램이 방영되기 직전 그들은 산업계가 동원한 사람들에게서 천여 통의 편지를 받았고, 그 프로그램을 협찬하던 기업 다섯 군데 중 세 군데는 논란을 우려해 협찬을 포기했다. 1963년 5월 프로그램이 방송되던 날 고든 쿠퍼가 우주선 페이스 7호를 타고 지구 궤도에 올랐고, 그의 우주 비행에 관한 속보가 프로그램 도중에 자주 끼어들었다. 그러나 이것은 오히려 시청률을 높이는 결과를 가져왔다.

결국 카슨의 염려는 기우로 드러났다. 텔레비전에서 화이트-스티븐스는 권위있어 보이기보다는 거만하게 비쳤다. 그는 "만약 사람들이 카슨 여사의 가르침을 충실히 따른다면, 세상은 암흑시대로 돌아갈 것이고, 곤충과 질병과 해충이 다시 지구를 장악할 것입니다"라고 고압적으로 소리쳤다. 이와는 대조적으로, 카슨은 신중하고 공손하며 진정으로 걱정하는 듯한 태도를 보였다. 인터뷰에 응한 정부 관리들은 가장 형편없었다. 사태를 제대로 파악하지도 못하고 관심도 없었으며 책임을 회피하는 듯한 태도로 일관했다. 마침내 카슨이 결정타를 날렸다. "우리

고든 쿠퍼가 우주선을 타고 지구 궤도로 날아오르는 모습을 보기 위해 그랜드센트럴 역 텔레비전 앞에 군중이 운집해 있다. 이 우주 여행 장면이 텔레비전으로 중계된 덕분에 수천만 시청자가 살충제 문제를 다룬 'CBS 리포트'까지 보게 되었다.

는 지금 일찍이 인류가 겪은 적이 없는 도전을 받고 있다고 생각합니다. 그것은 자연을 지배하는 것이 아니라 우리 자신을 통제하는 능력과 우리의 성숙함을 시험하려는 도전입니다."

1000~1500만 명이 이 방송을 시청한 것으로 추산되었는데, 책을 산 독자가 50만 명이었던 것과 비교하면 엄청난 숫자이다. 카슨과 CBS는 수백 통의 격려 편지를 받았고, 정부 관리들은 분노의 편지를 받았다. 방송이 나간 다음 날, 코네티컷 주 상원의원 에이브러햄 리비코프는

상원 정부운영위원회 산하에 살충제를 조사하기 위한 위원회를 만드는
일에 착수했다.

의회를 움직인 『침묵의 봄』

환경오염에 관한 문제는 유권자의 표심을 얻는 데 별 도움이 되지 않았
지만 대통령선거에서는 쟁점이 되었다. 환경보호운동의 전신인 '자연
보존'은 이미 1960년 민주당과 공화당 전당대회에서 언급되었고, 카슨
은 민주당의 환경정책 초안 작성에 도움을 주었다. 특히 존 F. 케네디가
환경문제에 관심을 갖고 있었다(우연히도 미국 역사상 환경의식이 가장
투철했던 대법원 판사로 꼽히는 윌리엄 더글러스는 케네디뿐만 아니라 카
슨과도 친했다). 케네디는 『뉴요커』의 정기 구독자였기 때문에 『침묵의
봄』을 읽어보았을 것이다. 1961년 2월 의회에 보낸 천연자원에 관한 특
별 교서에서, 케네디는 일관성과 조정능력 부족 때문에 "한 부처에서는
명금(鳴禽 ; 노래 부르는 새)과 엽조(獵鳥 ; 사냥이 허가된 새)에게 해를 끼
칠 수 있는 화학살충제의 사용을 장려하고, 다른 부처에서는 그러한 새
들을 보존하기 위해 노력하는 모순된 일이 일어난다"고 했다.

더구나 냉전 중이던 1962년 중반에 대통령이 대통령직속 과학자문
위원회에 살충제 사용에 관한 실태를 조사해 보고하라고 지시한 것은
주목할 만하다. 쿠바 미사일 위기 때문에 카슨의 명성이 빛 바래긴 했지
만, 카슨은 케네디 세미나에 참석해 자신의 견해를 피력할 기회를 얻었
다. 카슨은 비공식적으로 과학자문위원회 위원들과 만나 케네디 대통령
이 "위원회의 진행 상황에 대해 자주 묻고, 보고서를 빨리 제출하라고
독려한다"는 이야기를 들었다. 상황이 유리한 방향으로 흘러가고 있었

다. 1962년 말까지 주 의회들은 살충제 사용을 규제하는 법안을 40여 가지나 제정했다.

카슨과 환경운동가 그리고 화학산업계는 1963년 5월에 나올 과학자문위원회의 보고서를 노심초사 기다렸다. 결국 카슨은 그 보고서를 보고 기뻐했으며, 자신이 옳음이 입증되었다고 느꼈다. 보고서는 산업계와 정부의 해충 방제 계획을 비판했는데, 살충제를 더 효율적으로 규제할 수 있는 방안을 명시하진 않았지만 지속적인 해악을 미치는 살충제의 사용을 점진적으로 줄여나갈 것을 요구했다. 보고서는 또한 "『침묵의 봄』 출판 전에는 사람들은 일반적으로 살충제의 독성에 대해 잘 모르고 있었다"고 인정했다. 그러자 카슨은 또다시 CBS의 후속 보도와 '투데이 쇼'에서 주요 인물로 다루어졌다. 이렇게 또 한번 언론에 집중 보도되면서 이 문제는 더욱 널리 알려졌다.

리비코프 위원회에 나가 증언한 카슨은 그 기회를 활용해 정책 대안을 개진하고, 의회에서 환경운동을 계속 추진해줄 후원자를 찾았다. 그녀는 40분 동안 공중살포를 제한하고 지속성이 가장 긴 살충제의 사용을 금지시켜야 한다고 주장했다. 또한 살충제 실험과 해충 방제 계획의 통제를 책임질 실무 부서나 위원회를 설립해야 할 필요성도 제기했다. 자신의 집에서 중독으로부터 안전해야 할 시민의 권리도 강조하면

신문과 담배로 휴식을 취하고 있는 존 F. 케네디 대통령. 그는 독서를 많이 한다고 자부했다. 가장 좋아한 잡지 중에는 1962년에 『침묵의 봄』을 연재한 『뉴요커』도 있었다.

"그녀가 옳고, 『침묵의 봄』이 이 세대의 '인권 선언'이라는 증거가 계속 쌓이고 있다."

—브룩스 애트킨슨, 『뉴욕타임스』
(1963년 4월)

서, 그러한 권리를 보장하기 위해 일종의 시민자문위원회를 설립해야 한다고 주장했다.

위원들(특히 리비코프)은 카슨의 진심어린 주장에 깊은 인상을 받았다. 그러나 카슨은 정부가 특정 산업에 호의적인 태도를 보이는 실정을 너무나도 잘 알고 있었다. 미국가든클럽이 초청한 자리에서 카슨은 로비 운동의 세금 감면 조치에 대해 이렇게 말했다. "한 특별한 사례를 인용하자면, 이제 화학산업계가 앞으로 일어날지도 모르는 규제 시도에 아주 값싼 비용으로 대응할 수 있게 되었음을 의미합니다. …… 아무런 법적 제약도 받지 않고 사업을 추진하고자 하는 기업은 이제 그러한 노력에 보조금을 받게 된 셈입니다."

카슨이 의회에 출석해 발언을 한 뒤로는, 명성 높은 자리에서 연설할 기회가 점점 많아졌다. 그리고 잇따라 상을 받게 되었는데, 미국지리학협회의 컬렘 메달, 폴 바트시 상, 오두봉 메달을 받았다. 1963년 12월에는 미국예술문학아카데미의 회원이 되었다.

그리고 마지막으로 또 한번 『침묵의 봄』은 우연한 사건으로 탄력을 받게 되었다. 아마도 그 당시의 미국인이라면 1963년 11월 22일 존 F. 케네디가 암살되던 날, 자기가 무슨 일을 하고 있었는지 기억할 것이다. 그런데 그보다 4일 앞서 미시시피 강 하류 강둑에서 또 다른 극적인 살해 사건이 일어났다. 카슨은 『침묵의 봄』에서 '물고기 수십만 마리'의 죽음에 대해 이야기했고, 1960년에는 루이지애나 주에서만 최소 30차례의 물고기 떼죽음 사건이 일어났다. 그러나 이번에는 하구 주민의 주요 식량 공급원 중 하나인 메기를 포함해 약 500만 마리에 이르는 물고기가 떼죽음을 당했다.

물고기는 살충제에 특히 민감하다. 1960년대 초에 사진과 같은 '물고기 떼죽음'은 뉴스에 자주 보도되었고, 많은 사람들을 불안케 했다. 최악의 물고기 떼죽음 사건은 1963년 11월에 미시시피 강에서 일어났다.

기자인 프랭크 그레이엄이 1970년에 쓴 책『침묵의 봄 이후』에서는 고전적인 추리소설처럼 범인을 찾아내는 과정을 자세히 보여준다. 공중위생총국의 젊은 공무원 도널드 마운트는 최신 장비를 사용하고 업계 내부 사정에 정통한 셸 화학회사 사람의 도움을 받아 살충제 엔드린이 그 원인임을 밝혀냈다. 그러나 미시시피 강가에는 10만 개가 넘는 공장이 들어서 있는데, 그것이 어디서 배출된 것인지 어떻게 알아낼 수 있겠는가? 빗물 배수관을 따라 상류로 추적해가던 공중위생총국 조사팀은 마침내 벨시콜 사가 소유한 멤피스의 한 공장을 찾아냈다. 벨시콜 사는 법적 소송을 통해 호턴미플린 사의 출판 활동을 방해하려고 시도했던 바로 그 회사였다.

이 사건이 대대적으로 언론에 보도되면서 『침묵의 봄』이 던진 메시지는 더욱 강하게 사람들의 마음속에 각인되었다. 카슨이 1964년 암으로 사망하기 몇 주일 전에 전모가 소상히 밝혀졌고, 공중위생총국 공무원들은 마지못해 "레이첼 카슨의 주장이 옳아보인다"고 인정했다. 그러나 벨시콜 사는 여전히 요지부동이었다. 벨시콜 사는 훗날 이렇게 발표했다. "여러분은 간과했는지 모르지만 나무에는 잎이 돋았고, 새들은 노래를 불렀으며, 다람쥐는 살금살금 기어나와 주위를 살폈고, 물고기들이 물 위로 뛰어올랐습니다. 1965년 봄은 정상적인 봄이었고 카슨 여사가 그린 '침묵의 봄' 같은 악몽과는 거리가 멀었습니다."

저자의 침묵 : 카슨의 때이른 죽음

레이첼 카슨은 유방암 때문에 방사선 치료를 자주 받았는데, 그것은 그녀에게 고통과 고뇌를 더해주었다. 방사능과 핵폭탄으로 오염되어가는 세상이 두려웠기 때문만은 아니었다. 오진(처음에 의사는 카슨에게 악성 종양이 아니라고 말했다)과 공격적인 치료는 의학계와 과학계 전반에 대한 그녀의 불신을 조금도 불식시키지 못했다. 1964년 4월 14일, 『침묵의 봄』이 출간되고 나서 채 2년이 지나기도 전에 카슨은 전이성 암과 오랜 투병 생활로 기력이 쇠하여 결국 사망하고 말았다. 가깝게 지내왔던 친구들조차 카슨의 병을 모르고 있다가 크나큰 충격을 받았다.

"내가 10년만 더 일찍 여기까지 올 수 있었더라면……." 카슨은 1963년에 이렇게 썼다. 그러나 『침묵의 봄』이 1953년에 나왔더라면, 그것은 아무런 반향도 없이 그냥 묻혀버렸을지도 모른다. 그렇지만 카슨이 10년만 더 살았더라면 어떻게 되었을까? 랠프 네이더처럼 『어떤 속도에서도 안전하지 않다』의 성공에 뒤이어 충격적인 폭로 기사를 발표하면서 소비자 보호운동에 앞장 서지 않았을까? 또 공공의 이익을 대변하는 단체를 만들고, 결국 대통령에 출마하지는 않았을까?

1979년에 기자 회견을 하고 있는 소비자운동의 기수 네이더. 제너럴모터스 사는 네이더가 쓴 책 『어떤 속도에서도 안전하지 않다』를 논박하기 위해 온갖 수단을 다 동원했으나, 네이더는 잇따른 싸움에서 연전연승했다.

"반대자가 계속 균형을 잡지 못하게 흔들어야 한다. 일단 상대방을 쓰러뜨리는 데 성공하면, 멈추지 않고 계속 앞으로 나아갈 수 있다……."

—네이더가 볼리어에게 한 말(1991)

네이더의 전기 작가이자 정책 전문가인 데이비드 볼리어는 "두 책 모두 각각 해당 분야에서 분산돼 있던 불명확한 지식을 결집시켰다. 〔두 사람은〕 대중이 쉽게 이해할 수 있는 명료한 글을 통해 정치적 반응에 불을 붙였고, 저자들은 문화적 인식이 거의 없던 일련의 모호한 문제들에서 그 분야의 상징적인 인물로 떠올랐다. 그리고 그들의 책에 도움을 받으며 커가게 될 운동을 탄생시켰다"고 평한다. 그러나 설사 카슨이 건강했다 하더라도 책이 출간되었을 때 그녀의 나이는 네이더보다 두 배나 많았고, 친구에게 말한 것처럼 "성전(聖戰)을 벌이는 책은 일생에 한 권으로 충분하다".

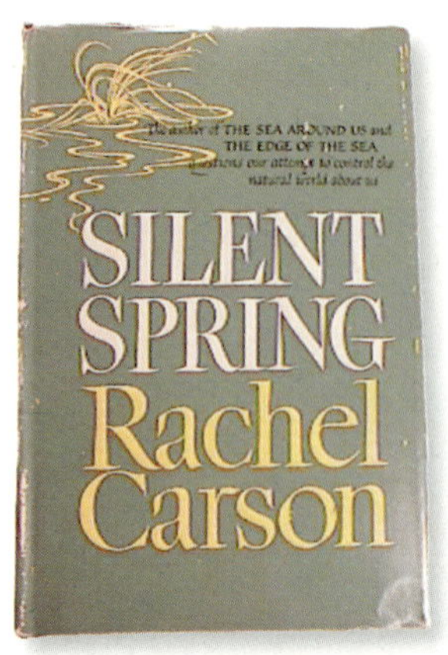

1962년 서가에 꽂혀 있는 『침묵의 봄』. 이 때 카슨은 해양생물학에 관한 베스트셀러 작가로 이미 유명해져 있었다.

아니면 카슨은 베티 프리던처럼 베스트셀러의 명성을 이용해 새로운 전국 조직을 합법적으로 결성하여 환경보호 문제에 관한 여성들의 관심을 촉구하는 운동을 이끌지 않았을까? 두 여성은 공통점이 많다. 카슨은 1950년대 말부터 점점 급진적으로 변해가고 있었는데, 특히 『침묵의 봄』이 출간된 이후에는 더욱 그랬다. 자신을 페미니스트라고 여기지는 않았지만, 자연에 대한 전쟁을 신랄하게 공격한 그녀의 행동은 결국 그러한 전쟁을 시작한 남성 위주의 기득권 세력에 대한 공격이기도 했다. 반면 카슨에게는 급진적 운동가가 되기에는 어울리지 않는 절제와 실용주의적인 성격도 있었다.

만약 더 오래 살았더라면 카슨이 어떤 길을 걸어갔을지는 예단하기 어렵다. 분명한 것은 카슨이 죽을 무렵 100만 명 이상이 그녀의 책을 읽었다는 사실이다. 그 중에는 『침묵의 봄』에서 언급된 도전을 기꺼이 감수하려는 재능 있는 사람들도 있었다.

MANIFESTO

WORDS
THAT
CHANGED
THE WORLD

Legacy : 1964~1972

『침묵의 봄』의 유산

레이첼 카슨이 사망하기 6년 전인 1958년, 시에라 클럽 회원 1만 5천 명은 요세미티의 테나야 호수 지역을 관통하는 티오가 도로의 재건설을 막는 데 실패했다. 그 결과 미시간주립대학 캠퍼스에서는 새끼 울새가 한 마리도 보이지 않았고, 호크산에서는 어린 독수리가 단 한 마리 목격되었을 뿐이다. 캐나다 뉴브런즈윅 주의 미라미치 강에서는 어부들이 새끼 연어를 발견하기 어려웠다. 북아메리카 환경의 앞날은 암울하게만 보였다.

카슨이 사망한 후 8년간은 야생자연 보존, 오염 방지, 인간의 건강을 함께 모색하는 현대 환경운동이 탄생한 시기였다. 이 운동은 이전까지 결여되어 있던 국제적 연대도 모색했다. 카슨이 사망한 지 6년이 지난 1970년에는 2천만 명의 미국인들이 지구의 날을 기념했다. 그와 함께 '깨끗한 공기 법'이 제정되었고, 환경보호국이 창설되었으며, 1972년에는 미국이 여러 다른 나라와 함께 DDT 사용을 금지하였다.

그러나 이 모든 환경운동 노력에도 불구하고 물질소비는 계속 증가했고, 식량 증산과 청결한 집을 위한 살충제 사용량도 증가했다. 그 밖에도 독성이 있는 화학물질이 바다와 육지 속으로 흘러들어왔고, 잘 정화되지 않는 오염물질이 대기권 상층부까지 올라갔다. 1972년 당시 태어난 지 10년이 지난 『침묵의 봄』이 중년의 위기를 넘어 계속 살아남을 것이라고 예상한 사람은 거의 없었다.

DDT를 둘러싼 법정 공방

1963년 11월 케네디 대통령이 암살되고 6개월 뒤 카슨이 사망하자 『침묵의 봄』은 잠시 주춤했다. 살충제 문제는 더 이상 대중의 큰 관심을 끌

1963년 케네디 대통령이 소련과 체결한 부분 핵실험금지조약에 서명하고 있다. 『침묵의 봄』은 살충제 오염을 방사성 낙진에 비교하면서 대중의 불안감을 자극했다.

지 못했다. 그러나 1963년에는 핵실험금지조약이 체결되었고, 1964년에는 인권법이 통과되었다. 미국 농무부가 내린 금지 조처에 이의를 제기하여 자동적으로 시간을 끌 수 있는 권리가 화학회사들에게는 없었지만, 의회는 살충제 공장의 사찰을 허용하는 법안을 부결시켰다. 등록된 제품의 판매량은 빠른 속도로 증가하고 있었다. 1965년에는 10%, 1966년에는 18%나 증가하여 소매 가격으로 12억 달러(오늘날의 가치로는 60억 달러 이상)가 팔려나갔다. 캘리포니아 주의 샌와킨 강 계곡에서만 살충제 영업사원 500명이 홍보 활동에 2,500만 달러를 사용했다.

1965년, 린든 존슨 대통령의 과학자문위원회는 환경의 질을 회복시킬 수 있는 방법에 대한 질의를 받았을 때 "기업의 편의에 따라 국가 정책이 좌지우지돼왔다"고 보고했다. 상원의원 제이미 휘튼은 살충제 산업을 노골적으로 지지한 『우리가 살아 남을 수 있도록』을 발표해 큰 성공을 거두었다.

한편 미군 병사 50만 명이 베트남으로 떠나고 있었다. 그들은 에이전트 블루, 에이전트 화이트, 에이전트 오렌지도 함께 가지고 갔다. 이것들은 아주 강력한 제초제 혼합물로서 적의 은신처가 되는 숲과 농작물을 파괴하기 위해 마구 사용되었다. 색깔별로 분류된 통에 붙어 있는 이 물질들의 이름은 순수해보였지만 독성이 아주 강했다. 그러나 이 사실은 베트남의 시골 마을과 수만 명의 병사와 베트남 시민의 머리 위에 8,550톤이나 쏟아붓고 나서야 드러났다. '자연에 대한 전쟁'은 국내에서도 계속되었다. 위생에 강박 관념을 가진 가정 때문에 '벌레폭탄'(스프레이 용기에 든 벌레약)이 매년 8천만 개씩 팔려나갔다. 급기야 1968년까지 환경 속에 살포된 DDT는 45만 톤에 이르렀다.

서픽 카운티 모기방제위원회가 실시한 DDT 살포 때문에 어린 시절에 즐겨 놀던 야프행크 호수의 물고기가 떼죽음을 당했을 때, 롱아일랜드 주민 캐럴 야나콘이 느낀 절망감이 충분히 이해된다. 그러나 『침묵의 봄』에 등장하는 주부들과 달리 캐럴에게는 젊고 적극적인 변호사 남편 빅터가 있었다. 1966년 빅터는 브룩헤이번 읍 천연자원위원회와 힘을 합쳐 서픽 카운티를 상대로 소송을 제기했다. 이 위원회는 새와 나비, 게의 멸종을 우려하는 환경운동가들로 이루어진 비공식 단체였다(이 단체는 1967년부터 '환경보호기금'이라는 이름으로 알려진다). 이 단체는 『침묵의 봄』에서 큰 영향을 받았는데, 특히 살충제 살포에 대한 시민 행동을 촉구하는 내용에 자극받았다. 또 카슨에게 자극을 준 롱아일랜드 소송 사건에도 영향을 받았다.

북극 지방은 1950년대만 해도 원시적인 환경을 고이 간직하고 있었다. 그러나 1960년대 후반에는 DDT를 포함해 잔류성 오염물질들이 먹이사슬의 거의 모든 단계——심지어 주민들 사이에서도 발견되기 시작했다.

카슨과 마찬가지로 이 단체도 확실한 과학적 배경지식을 강조했다. 아트 쿨리와 브룩헤이번의 환경운동가 데니스 풀스턴, 미시간 주의 조류학자 루이스 배츠, 해양생태학자 찰스 워스터 같은 전문가를 동료로 삼게 된 빅터는 소송에 승리할 수 있다는 자신감이 들었고, 법정 밖에서 합의를 하려는 생각은 추호도 없었다. 판사 잭 스태니슬로는 '생태학' 이라는 단어를 몰라 사전을 찾아야 했다. 그러나 풀스턴이 DDT의 치명적 결과를 증명하는 그림들을 보여주자 "그레이트사우스 만에서 더 이상 게를 볼 수 없는 이유가 이 때문이군요"라고 외쳤다. 그런데도 법원은 원고측에 불리한 판결을 내렸다. 그러나 서퍽 카운티 의회는 재판 과정에서 드러난 증서를 보고 DDT 살포를 금지시켰다. 환경보호기금은 첫번째 법정 싸움에서는 패소했지만, 전쟁에서는 이겼다.

환경보호기금은 지방자치단체들에게 계속 압력을 가했다. 창립위원인 찰스 워스터는 환경보호기금이 "체제를 움직여 반응을 보이게 하거나, 환경보호 대책을 이끌어낼 수 없었던 환경운동단체의 좌절을 딛고 탄생했다"고 말했다. 환경보호기금은 포드재단과 전국오두봉협회의 레이첼 카슨 기념 기금으로부터 큰 지원을 받아 DDT를 비롯한 여러 살충제에 대해 사안별로 하나하나 문제를 제기하고 나섰다. 이는 몇몇 성과를 이끌어냈는데, 예를 들면 미시간 주의 57개 자치단체 중 50곳에서 야생자연에 덜 해로운 해충 방제 방법을 사용하기로 결정을 내린 것이다. 1969년 4월, 미시간 주는 은송어 약 70만 마리가 떼죽음 당해 시민들의 분노가 들끓자, 미국에서는 최초로 DDT 판매를 금지했다.

한편 DDT에 대한 연구는 계속되고 있었다. 영국 과학자 데릭 래트클리프는 왜 DDT가 흰머리독수리, 물수리, 매 같은 새들에게 문제가 되는지 그 정확한 이유를 최초로 알아냈다. DDT는 알 껍질을 아주 얇게 만드는 원인이었던 것이다. 얼마 후 메릴랜드 주 로럴의 패턱선트 야생동물연구센터에서도 이것과 일치하는 결과를 얻었다. 그 무렵 남극 펭귄에게서도 DDT가 발견되었는데 이제는 북극의 공기, 흙, 눈, 얼음과 북극의 거의 모든 먹이사슬 단계에서 DDT가 검출되었다. 스웨덴 과학자 쇠렌 옌센도 우연히 PCB(폴리염화비페닐)라는 산업물질이 발트해의 물고기를 오염시키고 있다는 사실을 발견했다. 그래도 오지의 환경은 원시 상태를 유지하고 있을 것이라고 생각했던 환경운동가들은 이 사실에 경악했다. 엎친 데 덮친 격으로 1969년 기름 누출 사고로 캘리포니아 주의 샌타바버라 섬 해안이 시커먼 기름으로 뒤덮인 것도 환경운동을 폭발시킨 계기가 되었다.

1969년 『케미컬위크』는 DDT의 사망 기사를 실었다.

고(故) 레이첼 카슨의 『침묵의 봄』이 출간되면서 영업에 문제가 생기기 시작했다. 그 증거는 다음과 같다. 1957년에 농무부는 470만 에이커의 땅에 DDT를 살포했으나, 1967년에는 겨우 10만 에이커에만 살포했다. 그리고 지난 해에 살포된 양은 0이었다.

그러나 DDT의 사망 기사는 다소 과장되었거나 최소한 시기상조였다. 훗날 데니스 풀스턴은 환경보호기금이 롱아일랜드와 미시간 주에서 승리를 거둔 후 "위협에 직면한 환경을 보호하기 위해 싸우는 데 우리의 도움을 원하는 요청이 쇄도했다"고 말했다. 이에 부응해 위스콘신 주와 그 밖의 여러 곳에서 환경보호기금이 소송을 제기하자, 산업계는 DDT에 대한 대책팀을 조직했다. 거기에는 얼라이드케미컬, 다이아몬드샘록, 올린마티센, 레바논, 몬트로즈케미컬을 비롯해 주요 살충제회사가 모두 가담했다. "거대 화학회사들은 살충제 금지 명령을 막기 위해 완강하게 싸웠다"고 풀스턴은 말했다.

그 당시 산업계가 부정한 방법으로 반격에 나섰는지에 대해서는 아직도 논란이 계속되고 있다. 프랭크 그레이엄은 『침묵의 봄 이후』에서 "특정 지역의 지지를 얻기 위한 살충제 예산 편성"과 살충제 산업에 대한 정부의 부당한 지원을 언급했다. 학자인 로버트 밴 덴 보슈는 『살충제 음모』를 썼으며, 짐 하이타워는 『단단한 토마토, 힘든 시절』에서 '화학산업계' 의 기득권을 통렬히 비판했다. 하이타워는 산업계와 농과대학과 정부의 동맹에서 비롯되는 많은 문제를 계속해서 지적했다. 텍

제2차 세계대전이 끝난 후 비행기가 많이 남아돌게 되자 농장과 숲에 살충제를 대량으로 살포하는 일이 훨씬 용이해졌다. 그러나 살충제가 사람과 야생동물에 미친 악영향이 나타나자 정부의 해충 방제 정책에 대한 항의가 일어났다.

사스 A&M대학의 톰 던랩 교수는 DDT에 관해 자세히 연구한 후, "무능함만으로 충분히 설명이 가능한 것을 악의로 돌려서는 안 된다"고 주장했다. 던랩의 분석에 따르면, 오랫동안 지속되어온 산업계 · 농과대학 · 정부의 삼두체제는 기계화와 화학물질 사용으로 농업 생산성을 높이는 데 "실제로 자신들이 큰 기여를 하고 있다고 확신했다". 퓰리처 상을 수상한 작가 존 맥피는 『대(大)드루이드와의 만남』이라는 책에서 독불장군 생태학자인 데이비드 브라워와 세 기업가와 공학자 사이의 세계관이 얼마나 다른지 잘 보여주었다. 맥피의 책에서 브라워는 '대(大)드루이드'*로 그려지는데, 리조트 개발업자 찰스 프레이저가 환경운동가를 음모 꾸미기를 좋아하고 "사람들을 희생양으로 바치고 나무를 숭배하는 종교적 인물"로 보고 두려워했기 때문이다.

벨시콜 사의 루이스 맥린이 이끄는 산업계 대책팀은 DDT를 옹호하고 나섰는데, 그것은 악의적이면서도 무능한 행동이었다. 화학산업계의 언론은 환경보호기금을 직접 겨냥해 공격했다. 화학약품에 우호적인 활동가들의 표적이 되도록 하기 위해 환경보호기금 임원진의 이름과 주소까지 공개했으며, 환경보호기금의 면세 지위까지 문제삼았다. 맥린은 『바이오사이언스』에 실린 글에서 살충제 오염과 불임은 가볍게 다루는 게 최선이란 듯이, 환경운동가들은 "성을 절대로 농담의 주제로 삼을 수 없을 정도로 심하게 성적 능력이라는 문제에 집착한다"며 비난했다. 그러나 비열한 술책과 악의에 찬 비평은 역효과를 냈다. 그러한 전술은 야생생물이 입은 해, 건강에 미칠 수 있는 악영향에 대한 일반 대중의 두려움, 곤충의 내성만 키워준 살충제 살포의 명백한 실패 사례 등을 조목조목 문서로 열거한 증거 앞에 상대가 되지 않았다. DDT 반대 운동은 더 이상 막을 수 없게 되었다.

환경보호기금의 성공에 힘입어 소송이 봇물 터지듯 이어졌다. 1970년 환경운동가 존 애덤스는 천연자원수호위원회를 설립했다. 그 단체의 임원진에는 전문 변호사들이 임명되었다(현 전무 이사인 프랜시스 베이네키는 『침묵의 봄』을 『모래군의 열두달』과 함께 자신에게 가장 큰 영향을 끼친 책으로 꼽는다). 시에라 클럽은 법적방어기금을 설립했다.

---

* 드루이드(Druides)는 고대 갈리아 및 브리튼 제도에 살았던 켈트인의 종교 드루이드교의 사제 계급이다. 드루이드는 신과 인간 사이에서 중개 역할을 했으며, 아일랜드에서는 마술사적 색채가 강하여 예언도 하고 병든 사람을 고쳐주기도 하였다. 기원전 1세기 무렵까지도 삼림 속에서 신에게 사람을 바치는 인신공희 의식을 행했다고 한다. 로마제국의 탄압을 받아 드루이드교는 6세기 말경 거의 소멸하였으나 12세기 무렵까지 그 영향은 남아 있었다.

미국야생생물연맹과 전국오두봉협회 역시 소송을 제기하기 시작했다. 1968년부터 1971년까지 일리노이, 아이오와, 매사추세츠, 뉴멕시코, 뉴욕, 로드아일랜드, 버몬트, 위스콘신 등의 주에서 비상 사태를 제외하고는 DDT 사용이 금지되었다.

환경운동가들은 단지 법률적 전술에만 의존하지 않았다. 민권운동과 여성운동에서 싹튼 새로운 적극적인 행동주의가 공중살포뿐만 아니라 댐, 원자력 발전소, 고속도로 건설 계획에 반대하는 시위에까지 큰 영향을 미쳤다. 그들은 독자적으로 언론 캠페인을 벌이기도 했다. 모유에서 우유에 허용된 양보다 7배나 많은 DDT가 검출되자, 환경보호기금은 『뉴욕타임스』에 "모유가 사람이 소비하기에 적절할까요?"라는 광고를 실었다. 모유에까지 DDT가 침투한 사건은 인간과 자연환경의 관계를 생생하게 부각시켰다.

유럽과 그 외 지역에서의 살충제 통제

1963년 『침묵의 봄』은 스칸디나비아의 모든 나라에서 출판되었다. 1969년 모유에서 DDT가 발견된 사실이 널리 알려지자, 스웨덴 정부는 즉각 가정에서 DDT와 또 다른 독성 살충제인 린덴의 사용을 금지했으며, 이것을 농경지에 사용하는 것도 2년간 금지시켰다. 이것은 단지 부유한 낙농업 국가만의 호들갑이 아니었다. 동유럽의 헝가리는 한걸음 더 나아가 염소화탄화수소 화합물 살충제를 모두 금지시켰다.

카슨의 장례식 때 가장 큰 화환은 영국의 필립 공이 보내왔는데, 이 사실은 카슨의 책이 영국에 미친 영향이 얼마나 컸는지 잘 보여준다. 해미시해밀턴 출판사는 1963년 초에 『침묵의 봄』을 출판했는데, 새클턴

경이 소개의 글을 쓰고, 줄리언 헉슬리가 머리말
을 썼다. 헉슬리는 훗날 "그 당시 영국의 상황은
미국만큼이나 심각했다"고 말했다. 『침묵의 봄』
은 즉각 정치권에도 심각한 논의를 불러일으켰
다. 1963년 봄 상원의회에서는 『침묵의 봄』과 카
슨이 23차례나 언급되었다. 환경운동가 피터 스
콧은 이렇게 말했다. "그때 방청석에서 내려다보
았던 것이 기억난다. 공문서 송달함 옆에 붉은색
반점 두 개가 보였는데, 그것은 영국에서 출간된
『침묵의 봄』 표지였다. 하나는 정부 대변인 헤일
샴 경이 참고하기 위한 것이었고, 또 하나는 야당
대변인 새클턴 경이 참고하기 위한 것이었다."

런던 시민들은 14세기부터 악명 높은 스모
그로 고통받아왔는데, 그때부터 석탄을 때는 것
을 통제하기 위한 노력이 시작되었다. 1850년대
에는 오염된 템스 강에서 풍기는 악취가 너무나
도 지독해 의회가 잠시 문을 닫을 지경에 이르렀
다. 1952년에 발생한 사상 최대의 스모그는 노약
자층에서 수천 명의 사망자를 낳았다.

이러한 충격적인 사건들 때문에 영국인들은 살충제 사용을 호의적
으로 받아들이지 않게 되었다. 1956년에는 '깨끗한 공기 법'이 통과되
었고, 공중살포가 필요한 대량 해충 방제는 전혀 계획되지 않았다. 그러
나 조류학자들은 밀알을 독성이 아주 강한 디엘드린 용액에 담그는 것

영국에서 『침묵의 봄』이 던진 파장은 아주
컸다. 의회에서 오래도록 열띤 토론이 벌어
졌고, 살충제를 자율적으로 금지하는 움직
임까지 나타났다. 영국에서 이 책은 지금도
꾸준히 팔리고 있다(1985년 이후에만 14만
부가 팔렸다). 지금은 펭귄 문고의 고전 시리
즈에 포함돼 있다.

"우리는 영국 시(詩)의 소재가
되는 것 중 절반을 잃어버리
고 있다."

—올더스 헉슬리가 줄리언 헉
슬리에게 한 말(1963)

런던을 짙게 덮은 스모그. 1950년대 초 런던에서는 스모그로 인해 수천 명이 죽었으며, 1962년에도 수백 명이 죽었다. 그 결과 '깨끗한 공기 법'이 제정되었고, 영국 국민들은 『침묵의 봄』이 제기한 문제들에 민감한 반응을 보였다.

이나 양(羊)을 유기인산 살충제로 씻기는 것 같은 관행이 매, 검독수리, 명금을 비롯한 새들의 개체 수를 격감시킨 원인이 아닌지 의심하게 되었다. 사냥과 낚시를 즐기던 귀족층은 특히 공작 같은 엽조가 많이 사라진 것을 이상하게 생각하고 있었다.

이러한 문제들에 대해 영국인들은 실용적으로 대응했다. 파괴적인 사용이 일어나지 않도록 자율적 규제와 검사를 실시하도록 한 것이다. 한 정부관리가 "그것은 정말로 조직적인 혼란이었다"고 말했지만, 1966년에 이르러서는 대부분의 농경지에서 알드린, 디엘드린, 헵타클로르 같은 독성 살충제 사용이 사실상 중지되었다. 놀랍게도 더 엄격한 규제를 요구한 것은 화학산업계 쪽이었다. 영국 농화학물질제조협회는 "우리는 자율적인 규제와 검사를 강제적인 것으로 바꾸었으면 한다. 그래야 책임을 면할 수 있으니까"라고 말했다.

영국 노팅엄대학의 브리짓 널리치는 『침묵의 봄』의 은유가 영국에 미친 영향력을 자세하게 연구했다. 그녀는 "『침묵의 봄』은 40년 이상 대중의 의식 속에 스며들었다. '침묵의 봄'이라는 제목의 이미지는 사회와 환경에 미치는 과학의 영향력에 대해 토론할 때 강렬한 수사학적 자원으로 반복해서 사용되어 왔다"고 결론내렸다.

그 밖의 유럽 국가들 역시 『침묵의 봄』에 대해 비슷한 반응을 보였다. 1963년 네덜란드 과학자 브리예르는 카슨에게 쓴 편지에서 "당신이 사슬을 풀어준 허리케인이 이제 우리 머리 위에 이르렀다"고 했다. 그는 1967년에 『은빛 베일과 숨겨진 위험』을 출간했는데, 권위에 비해 호소력이 약했고, 더구나 한정된 네덜란드 독자를 대상으로 쓰여진 책이라 판매량은 『침묵의 봄』에 훨씬 미치지 못했다. 같은 해에는 『침묵의 봄』이 마침내 프랑스어로 번역되어 나왔고, 1970년에 이르면 유럽 국가 대부분이 살충제 사용을 반대하는 쪽으로 기울었다.

1960년대 말 살충제 문제는 유럽을 넘어서까지 확산되었다. 1967년 6월 3일 새벽, 페르시아 만에 위치한 카타르의 정부 병원에 500명의 환자가 실려왔다. 환자들은 모두 똑같은 빵집에서 만든 빵을 먹고 탈이 났는데, 그 중 7명이 사망했다. 그로부터 정확히 한 달 후 또다시 200명이 병원에 실려왔다. 그리고 그 원인이 정확하게 밝혀지기 전에 17명이 사망했다. 텍사스 주 휴스턴에서 배로 운반되던 밀이 도중에 통에서 새어나온 독성물질인 엔드린에 오염되었던 것이다. 10월에는 멕시코의 티후아나에서 오염된 가루 반죽 과자를 먹고 17명의 아이들이 사망했다. 11월에는 콜롬비아의 치킨키라에서 파라티온에 오염된 빵을 먹고 80명이 사망하는 사고가 일어났다.

가장 비극적인 사건은 볼리비아의 샌와킨이라는 마을에서 일어났다. 1965년 아무도 예상치 못한 상황에서 볼리비아출혈열이 발생해 300명이 사망했다. 보건 전문가들은 시간이 지나면서 사태를 파악하게 되었다. 그 바이러스는 라우차라고 부르는 작은 설치류가 옮겼다. 그렇지만 라우차는 고양이의 먹이였기 때문에 이 마을에서 보기가 힘들었는데 언젠가부터 고양이들이 알 수 없는 이유로 죽어가기 시작했다. 냉동시킨 고양이 시체 하나를 분석하기 위해 미국으로 보냈는데, 그것을 담당한 사람은 카슨이 싫어하던 과학자인 웨일랜드 헤이스였다. 헤이스는 고양이가 DDT에 중독되었다는 사실을 발견했다. 해충 방제를 위해 무분별하게 사용한 이 살충제는 생명의 그물을 파괴하면서 카슨이 염려하던 종류의 비극을 낳았던 것이다.

1969년 무렵에는 개발도상국에서 야생생물과 사람의 건강을 위협하는 문제에 관한 뉴스가 쏟아져나오기 시작했다. 미국에서는 베트남전에서 고엽제를 마구잡이로 사용하는 것에 대해 대중의 항의가 들끓고 있었다. 베트남전 반대 토론집회도 환경에 대한 대중의 관심을 전례 없이 큰 규모로 분출시켰다.

모두를 위한 환경보호운동 : 지구의 날부터 환경보호국까지

전 상원의원인 위스콘신 주지사 게일로드 넬슨은 1970년에 제정된 첫 번째 지구의 날 행사에 우드스톡(1969년 8월 16일 뉴욕 주에서 열린 록 음악제. 30만 관중이 운집했다) 못지 않은 광범위한 지지를 이끌어내는 데 큰 역할을 했다. 미국 전역에서 약 2천만 명이 환경의식 고취를 위한 활동과 행사에 참여했다. 대통령 직속 '환경의 질 위원회'는 그 해에 "환경에 대한 관심의 합창이 방방곡곡에 울려퍼지고 있다. 그것은 지역적·국가적·국제적 환경문제로 퍼져나가고 있다. 또한 지구의 공기와 물, 소음과 쓰레기, 동식물 멸종 위협까지 포괄한다"고 썼다.

갈색 펠리칸 한 마리가 땅에 내려앉고 있다. '지구의 친구'를 창설한 데이비드 브라워는 이 종을 보호하는 데 레이첼 카슨이 큰 도움을 주었다고 말했다. 1973년에는 멸종 위기에 놓인 종을 보호하는 법이 통과되었다.

이러한 합창에는 대중문화도 한몫을 했다. 존 덴버의 세번째 앨범 '이 정원은 누구의 것이었나?'는 첫번째 환경가요였다(다만 이 앨범은 존 덴버가 이전에 내놓은 어떤 음반보다도 적게 팔렸다). 환경소설도 지구의 날에서 큰 힘을 받았는데, 특히 에드워드 애비가 쓴 『멍키 렌치 갱』이 그랬다. 생태학이 대세로 자리 잡아가면서 환경단체에 가입하는 회원 수는 점점 증가했다. 1960년에 1만 6천 명이던 시에라 클럽의 회원 수는 1965년에는 3만 3천 명으로 두 배 늘어났고, 1970년 지구의 날에는 11만 4천 명으로 불어났다. 다른 환경단체들도 회원 수가 비슷한 비율로 늘어났다. '지구의 친구'를 비롯해 새로운 단체들도 생겨났다. '지구의 친구'는 독불장군 생태학자 데이비드 브라워가 수십 년 동안 활동하던 시에라 클럽에서 축출된 뒤 새로 둥지를 튼 곳이다.

1970년 4월 22일 뉴욕의 유니언광장 공원에서 열린 지구의 날 행사. 『침묵의 봄』은 오염 문제에 관해 시민의 행동을 촉구했다. 얼마나 많은 사람들이 이에 호응했는지 알았더라면 카슨도 놀랐을 것이다.

카슨은 브라워와 아주 가깝게 지냈다. 카슨은 죽기 전에 브라워와 함께 로데오 석호에 가서 갈색 펠리칸을 보고 즐거워했다. 브라워는 훗날 그때를 이렇게 회상했다. "그곳에서 갈색 펠리칸을 본 것은 그때가 처음이었다. 이전에 DDT가 그 새들의 알에 저지른 일을 생각하면 놀라운 일이 아닌가! 그렇지만 그 새들은 그곳에 있었다. 카슨과 그녀가 쓴 책 덕분에. 200여 마리에 이르는 갈색 펠리칸 떼가 시끄럽게 울어대면서 그곳에 있었다. 그 새들은 즐거워보였고, 카슨 역시 그랬다."

오래전에 생겨 자리를 잡은 단체건 새로 생겨난 공격적인 단체건, 환경단체들은 점점 환경보호와 살충제 문제에서 활동 영역을 넓혀가기 시작했다. 새롭게 다루는 문제에는 기솔린에 섞는 납 때문에 발생하는 어린이 납 중독도 포함되었다. 워싱턴에서는 치열한 로비가 벌어졌는

1961년 캐나다 브리티시컬럼비아 주 벤쿠버에서 녹슨 어선 앞에 있는 짐 볼렌, 존 코맥, 어빙 스토, 폴 코트. 핵실험 장소의 중심을 항해하려는 이들의 계획은 그린피스를 탄생시켰다.

데, 특히 시에라 클럽이 큰 목소리를 냈다. 닉슨 행정부의 '환경의 질 위원회' 위원장을 맡은 러셀 트레인은 "브라워가 몹시 고맙다. 그는 우리가 합리적인 판단을 내리는 일을 쉽게 해주었다"고 말했다.

이렇게 환경보호를 위한 법적인 노력이 계속해서 이루어지는 가운데 1971년 9월 그린피스 호가 출항했다. 길이 24미터의 지저분한 이 어선은 핵실험을 종식시키려는 목적을 가지고 눈에 띄지 않게 항해했다. 카슨이 살아 있었더라면 이러한 시도에 분명 박수를 보냈겠지만, 그녀 자신은 이러한 모험에 나서지 않았을 것이다(항해를 좋아하지 않았으니까). 그린피스는 "행동이 말보다 더 크게 말한다"라는 거칠지만 강렬한 철학과 굳건한 캐나다인 지도자 데이브 맥태거트를 가리키는 일상적인 단어가 되었다.

환경문제에 큰 관심을 보인 상원의원 에드먼드 머스키와 워렌 매그너슨이 워싱턴 시에서 전기 스쿠터 타는 모습을 보여주고 있다. 1970년대에 닉슨은 환경문제에 큰 관심을 보인 머스키 같은 경쟁자보다 앞선 모습을 보여주기 위해 노력했다. 그래서 환경정책이 전기 차량의 발전 속도보다 앞서나갔다.

닉슨은 존 F. 케네디와는 달리 환경운동을 반전 과격파가 주도하는 위험한 유행으로 간주했다. 그렇지만 1969년에 닉슨은 국가환경정책법을 추진했고, "인간과 자연이 생산적인 조화를 이루며 살아갈 수 있는 환경을 만들고 유지하는 것"을 연방 정책으로 천명했다. 1970년에는 조직개편계획 3호에 따라 행정상의 능률을 높인다는 명분으로 환경보호국이 신설되었다. 그러나 이러한 환경정책 공세는 '친환경주의'를 표방한 상원의원 에드먼드 머스키의 세력을 누르려는 닉슨의 계산이었다. 머스키는 1972년 대통령선거에 닉슨의 경쟁자로 나설 가능성이 매우 높았다. 재선을 위해서는 무엇보다 경제가 중요했기 때문에 닉슨은 환경보호국이 경제 성장을 저해하지 않도록 신경썼다. 그러나 이러한 상황에서도 환경보호국은 1970년 7월 9일 닉슨이 특별 교서에서 '뒤죽박죽'이라고 표현한 4개 부처 소관의 십여 가지 기능을 하나로 통합하는 합리적인 조처를 취했다. 그 기능이란 농무부의 살충제 등록 업무, 내무부의 살충제 연구와 수질관리 업무, 대통령 직속 기관의 방사선 및 시스템 연구 업무, 보건교육복지부의 살충제 내성 관리와 공기, 물, 고형 폐기물 관리 업무 등이다.

벌레폭탄의 금지

행정부의 적개심에도 불구하고 환경운동은 닉슨 행정부 시절에 최대의 성공을 거두었다. 게일로드 넬슨과 에드먼드 머스키 같은 환경정치인이 정치적 추진력을 유지해주었고, 새로운 환경단체들이 추진한 소송과 언론 캠페인도 힘이 되었다. 그리고 '네이더 돌격대'의 공격적인 폭로—그 중에서도 존 에스포지토의 『사라지는 공기』, 데이비드 즈윅과 마시 벤스톡이 함께 쓴 『물 황무지』—가 옆에서 도와주었다.

월리엄 러켈쇼스의 책임하에 새로 창설된 환경보호국은 처음에는 거부 반응이 별로 없는 손쉬운 승리만을 추구했다. 그러나 권한이 강화되기 시작하자 놀라운 입법 활동을 펼치게 되었는데, 그 중에서도 1970년에 새로 강화된 '깨끗한 공기 법'과 1972년의 '깨끗한 물 법'이 눈길을 끈다. 환경보호국은 '벽장 속의 고릴라'로 충분히 효과를 발휘할 수 있었다. 즉, 도시나 주거환경을 오염시키는 사람들에게 겁을 줄 때 환경보호국을 들먹이면 효과 만점이었다. 첫 해에 환경보호국이 사법 당국에 고발한 오염 사건은 150건 이상이나 되었다.

1971년 1월 환경보호국의 초점이 DDT로 옮겨가면서 논란이 불거졌다. 러켈쇼스는 전국적인 사용금지 조처를 검토하느라 두 달을 보냈지만, 농무부(랠프 네이더가 '농기업부'라고 별명붙인)에서 온 환경보호국 전문가들에게 상당히 많은 영향을 받고 있었다. 관련 업계와 농과대학 들이 준비하고, 제이미 휘튼처럼 영향력 있는 의회 친구들이 제출한 증거에 치우쳤던 것이다. 그 결과 러켈쇼스는 DDT가 즉각적으로 건강을 위협하는 물질은 아니라고 느꼈고, 즉시 금지 조처를 내릴 필요는 없다고 결론내렸다.

카슨은 진작부터 살충제 제조회사와 대학 간의 유대관계에 의심을 품고 있었다. 그녀는 "거대 화학회사들은 살충제 연구를 지원하기 위해 대학에 막대한 돈을 쏟아붓고 있다. …… 이러한 상황은 일부 저명한 곤충학자가 화학적 방제를 적극 옹호하고 나서는 수수께끼 같은 사실을 잘 설명해준다. 이러한 사람들의 뒤를 조사해보면, 그들의 연구 계획에 자금을 대준 당사자가 화학회사임이 드러난다. …… 자기를 먹여살리는 손을 물 사람이 어디 있겠는가?"라고 썼다. 혁신적인 연구 기술을 농부들에게 널리 전파하는 일을 맡고 있는 '농업기술보급과' 역시 그들의 고객에게 신세를 지고 있었다. 기자인 프랭크 그레이엄이『침묵의 봄 이후』에서 쓴 것처럼 "현장에서 일하는 미국 농무부 직원이 농부 친구들에게 '이보게들, 지난 10년간 우리가 공급한 게 엉터리 농약으로 드러났다네!' 라고 말할 리가 없다".

환경운동가들은 화학회사가 관련된 사건에 대중 시위를 조직했고, 환경보호국에 결정을 재고하라고 압력을 가했다. 1972년 봄 내내 러켈쇼스는 수백 명의 전문가가 내놓은 상충되는 증거자료 9천 쪽을 샅샅이 훑었다. 살충제가 야생생물에 미치는 영향에 대해 격렬한 논쟁이 벌어졌는데, 거대 화학회사의 과학자들은 새에 미치는 살충제의 독성에 관한 데이터 중에서 예외적인 것들만 인용했다. 그러나 러켈쇼스는 DDT가 생태계에 미치는 지속적인 영향과 사람에게 암을 일으킬 수 있다는 사실을 지적한 두 편의 공식 조사 보고서에 깊은 인상을 받았다.

이러한 과학적인 논쟁은 지역에서 일어나는 사건들에 압도되었다. 뉴욕 주는 시민의 압력에 못 이겨 공원에서 DDT의 사용을 금지했으며, 다른 주와 도시 들도 그 뒤를 이어 지역적인 금지 조처를 내리고 있었

1961년 백악관에서 각료들과 함께 포즈를 취하고 있는 존 F. 케네디. 그와 스튜어트 유들(내무부 장관), 에이브러햄 리비코프(보건교육복지부 장관)는 오빌 프리먼(농무부 장관)보다 『침묵의 봄』에 더 열렬한 반응을 보였다.

다. 게다가 이제 DDT의 효과도 떨어지고 있었다. 150여 종이나 되는 곤충이 DDT에 대한 내성이 생겼고, 그 결과 카르바릴 같은 더 효과적이고 비싼 제품이 나오고 있었다.

『침묵의 봄』이 『뉴요커』에 연재되기 시작한 지 10년이 지난 1972년 6월 14일, 러켈쇼스는 숨을 한 번 깊이 들이쉬고 나서 극소수의 치명적인 질병이나 긴급한 해충 방제를 위한 용도를 제외하고는 사실상 국내에서 DDT의 사용을 전면 금지한다고 발표했다. 환경보호국의 역사 연구자 데니스 윌리엄스는 "환경보호국의 일부 후원단체는 불만스러웠겠지만, 그의 결정은 그가 추구하던 환경보호국의 적극적인 이미지를 높이는 데 기여했고, 비싼 정치적 비용도 치르지 않았다"고 말했다. 1972년 말에 이르자 모든 전선에서 환경의 진전이 이루어지고 있는 것처럼 보였다. 『침묵의 봄』은 10년 만에 '완벽한 살충제'를 추방하고, 미국뿐만 아니라 유럽과 그 외의 지역에서도 전체 화학산업계를 수세로 몰아넣는 데 결정적인 기여를 했다.

마이클 퍼트셕은 『거인 킬러』에서 시민의 로비 운동이 성공을 거두는 데 필요한 핵심요소 다섯 가지를 열거했다. 첫째, 광범위한 '외부의' 풀뿌리 민중운동과 조직적인 후원단체가 필요하다. 둘째, 정책을 집행하는 행정부와 상하원 내에 '내부의' 지도력이 필요하다. 셋째, 거인 킬러(거대산업을 상대로 싸우는 사람들)는 도움을 받을 수 있는 정책 전문가 네트워크가 필요하다. 넷째, 깊은 관심을 기울이는 호의적인 언론의 도움을 얻어야 한다. 다섯째, 전문적이고 정교한 로비스트가 필요하다.

『침묵의 봄』은 두 갈래의 풀뿌리 민중운동과 연결되었다. 하나는 야생생물이 사라져가는 현실에 경각심을 가진 자연보호주의자들이고, 다른 하나는 냉전의 무기력함에서 깨어나 방사성 낙진과 탈리도미드와 암에 대해 우려하기 시작한 도시 근교 거주자들이었다. 『침묵의 봄』은 리비코프, 머스키, 유들, 그리고 존 F. 케네디 같은 내부 협력자들을 이끌어냈다. 카슨 자신도 정부 부처 내에서, 그리고 국제적인 연구자와 정책 전문가로 이루어진 네트워크를 구축하는 데 기여했다. 비록 언론은 전체적으로 볼 때 결코 호의적이지 않았지만 깊은 관심을 보였다. 『뉴요커』와 CBS가 없었더라면 『침묵의 봄』은 성공을 거두지 못했을 것이다. 마지막으로 오두봉협회의 롤런드 클레멘트 같은 초기의 지지자들과 더불어 환경보호기금의 전문가들과 시에라 클럽의 활동이 가세하였다. 10년에 걸친 꾸준한 로비 활동은 결국 놀라운 결실을 맺게 되었다. 『침묵의 봄』은 다섯 가지 요소를 모두 갖추고 있었던 것이다.

Aftermath

여파

1960년대 이래 대중문화(영화, TV, 조각, 미술, 음악, 사진)는 환경운동에 대한 대중의 지지를 이끌어내는 데 크게 기여했다. 멀티미디어 웹사이트와 이동문자는 환경운동의 최신 도구로 사용되고 있다. 아직도 성전을 선포하는 책이 떠맡을 역할이 남아 있을까? 비록 '새로운 침묵의 봄'으로 환호받은 책이 수십 권이나 나왔지만, 그중 어느 것도 『침묵의 봄』에 버금가는 영향을 미치지는 못했다. 1980년대와 1990년대에는 환경문제를 상징적으로 보여주는 용어로 '산성비', '핵겨울', '오존 구멍' 같은 단어들이 '침묵의 봄'과 같은 반열에 올랐는데, 이러한 단어들은 한 권의 선언보다는 대중매체를 통해 널리 확산되었다. 현재 이러한 문제들은 화학살충제를 다루던 것처럼 제한적인 방법으로 다루어지고 있다.

오늘날 환경운동가들은 생물 다양성의 상실, 내분비선 교란, 유전자 변형, 지구 온난화 같은 훨씬 어렵고 새로운 문제들을 경고하고 있다. 그러나 이러한 문제들은 아직 결정적인 인상을 주지 못했다. 백악관에 사는 사람, 시골에 사는 사람, 초원의 자그마한 집에 사는 사람을 막론하고 독자들을 사로잡을 수 있는 문장은 아직 나타나지 않았다. 그러한 대중의 지지가 없이는 새로이 드러난 위협에 대처할 공식적이고 조직적인 행동을 촉구하기가 어렵다.

카슨 시절에 걸음마를 시작한 환경단체들은 오늘날 미국에서만 최소 900만 명의 회원을 확보하고 있다. 시에라 클럽 한 곳만 해도 회원 수가 70만 명이나 될 정도이다. 심지어 미봉책이 아니라 지속적인 변화를 일으킬 수 있도록 산업계나 정부와 함께 협력을 모색하는 '주류' 환경단체도 있다. 그러나 1999년 시애틀에서 열린 세계무역기구(WTO)

1987년 'Earth First!'의 환경운동가들이 워싱턴 시의 링컨 기념관에 플래카드를 내거는 '직접행동'을 취하고 있다. 미국과 열대 지역에서의 대규모 벌목은 1980년대와 1990년대에 '나무를 포옹하는 사람들'과 같은 광범위한 시위를 촉발시켰다.

반대 시위와 미국 운동가 마이클 무어의 격정적인 쇼가 지니는 거대한 대중적 인기에서 볼 수 있듯이 급진적인 반대 정신은 아직도 살아 있다. 'Earth First!'(지구가 우선이다!)를 비롯한 수백 개 지역 활동 단체들은 전 세계적 체제와 공조하자는 노력을 거부한다. 그들은 그러한 체제에 근본적인 결함이 있다고 본다. 상호간에 약간의 적대감이 존재하긴 하지만 두 갈래의 환경운동은 비교적 효율적으로 '좋은 경찰과 나쁜 경찰'의 역할을 분담하여 잘 나아가고 있다.

환경정치학 또한 케네디와 닉슨이 오염되었을 가능성이 높은 넌출월귤을 먹는 정치쇼를 하고, 닉슨이 국세청으로 하여금 시에라 클럽을 조사하게 한 이래 많은 우여곡절을 겪어왔다. 카슨은 앨 고어나 하워드

딘처럼 대통령 후보 경선에 나선 사람들이 앞다투어 환경구호를 내거는 것과 의회에서 환경정책을 위한 로비가 강하게 이루어지는 것에 대해 흡족하게 생각할 것이다. 그러나 레이건 행정부와 부시 행정부 시절에 환경정책이 오히려 후퇴하는 양상을 보인 것에는 실망하지 않을 수 없을 것이다.

『침묵의 봄』이 장기적으로 미친 효과는 가늠하기 쉽지 않다. 이 책이 지금까지 나온 것 중 가장 큰 영향력을 미친 환경도서라는 사실은 의심의 여지가 없다. 그러나 계속해서 더 많은 살충제가 사용되고 있고, 살충제 매출액은 더 늘어나고 있으며, 『침묵의 봄』이 쓰여지던 시절보다 오늘날 더 많은 사람이 살충제 중독으로 죽어가고 있다. 스티븐 밀로이 기자는 그 책 때문에 수백만 명이 말라리아로 죽었다고 비판했고, 전 세계 곳곳에서 DDT의 사용을 옹호하는 목소리가 들리고 있는 것도 사실이다. 이 장에서는 1972년 이후에 펼쳐진 환경운동의 역사를 진부한 시각에서 살펴보는 데 그치지 않을 것이다. 환경과 인간의 건강에 나쁜 영향을 끼치는 요소들이 얼마나 확대되고 복잡해졌는지 간단하게 살펴보고, 『침묵의 봄』이 그 후에 일어난 사건들에 구체적으로 어떤 영향을 미쳤는지 알아볼 것이다.

살충제 산업과 농업에 미친 영향

과학과 기술을 통한 진보에 대한 믿음은 1960년대를 규정하는 특징 중 하나이다. 『침묵의 봄』은 과학 발전의 의미를 과소평가하지 않는다. 다만 책임이 따르는 진보를 촉구한다. 카슨은 생태학과 자연에 대한 생태학적 접근을 지도 위에 올려놓고, 동료 과학자들이 그것을 진지하게 들여다보게 만들었다. 화학적 방제를 비판한 것은 대체로 옳은 주장이라고 증명되었지만, 새로운 방법을 찾고자 하는 그녀의 시도는 죽음 때문에 중단되고 말았다.

책임에서 중요한 부분은 규제인데, 미국 정부는 『침묵의 봄』이 나온 이후 살충제 산업에 대해 약간 이중적인 잣대를 적용해왔다. 1963년 이래 살충제 산업을 살아남게 할 수 있는 규제 방법을 찾기 위한 노력이 은밀히 진행되어왔다. 1963년 DDT에 관한 청문회가 열릴 때, 상원의원 에이브러햄 리

카슨은 아주 섬세한 과학 작가였고, 정신 나간 사람이라는 소리를 들을까봐 두려워했다. 비판론자들은 『침묵의 봄』을 헐뜯기 위해 성 차별주의적인 발언까지 서슴지 않았지만, 책에서 잘못된 부분은 거의 찾아낼 수 없었다.

비코프는 전국오두봉협회의 롤런드 클레멘트와 잠깐 커피를 마시면서 이렇게 말했다. "그것을 금지시키길 원한다면, 수출에 대해서는 일절 언급하지 마시오." 결국 DDT의 사용에 관한 규제는 오직 미국 내에서만 적용되었고, DDT 규제는 산업계가 엄살을 떤 것만큼 큰 손실을 안겨주지 않았다.

1962년 무렵에는 이미 140여 종의 곤충이 DDT에 대해 내성을 보이고 있었다. 독성이 더 강하면서도 나쁜 영향이 오래 지속되지 않는 대체 살충제가 개발 중에 있거나 시장에 나오고 있었는데, 그 중 많은 종류는 국내 시장에서 더 많은 이익을 가져다줄 것으로 예상되었다. 그리고 사용금지 조처가 시행된 후에도 DDT를 생산하던 미국 기업 5∼6개

목화에 큰 피해를 입히는 목화바구미는 멕시코에서 들어왔다. 수십 년간에 걸친 박멸 노력에도 불구하고, 목화바구미는 미국 남부 주에서 끈질기게 살아남았다. 목화바구미는 목화 재배 농가에 수천만 달러의 피해를 입힌다.

는 여전히 수출용으로 생산을 계속했다(이것은 화학회사에는 횡재에 가까운 법률적 헛점이었다). 1970년대에 USAID(미국국제개발기구)는 자체 계획에 DDT의 사용을 명시하였다. 심지어 1990년에도 미국은 전체 살충제 수출액 5억 달러 중에 국내에서 사용금지되거나 제한된 살충제를 6,800만 달러 어치나 수출하고 있었다. 그 후에도 국내에서는 살충제 산업에 대해 많은 양보를 해주었다. 앨 고어는 1994년 『침묵의 봄』 발간 40주년을 기념해 출간된 책의 서문에 이렇게 썼다. "대체로 살충제 산업계 내부의 강경파는 『침묵의 봄』에서 요구한 보호 조처의 실행을 지연시키는 데 성공을 거두어왔다. 그 동안 의회에서 이 산업을 과잉보호해 왔다는 사실은 놀랍기 짝이 없다."

그와 함께 살충제 사용도 증가했다. 카슨이 사망할 당시 미국에서 사용된 '유효 성분'(실제로 벌레를 죽이는 화학물질)의 양은 27만 7천 톤이던 것이 1979년에는 51만 3천 톤으로 거의 두 배나 증가했다. 그 후로 전체 사용량은 약간 줄어들어 1999년에는 41만 톤으로 떨어졌지만, 1964년에 비하면 아직도 3분의 1이나 더 많이 사용되고 있다. 사용 방식도 크게 변했다. 제초제 사용량이 크게 늘어난 반면 살충제는 미국 농약 시장에서 10%만을 점유하게 되었다. 그러나 텍사스 주나 오클라호마 주처럼 목화를 많이 재배하는 곳에서는 목화바구미 박멸 운동을 계

식물생리학자 체스터 맥호터가 제초제를 소량만 사용하는 방법을 시험하고 있다. 이러한 노력에도 불구하고 미국에서 사용되는 살충제의 양은 1962년보다 훨씬 높은 수준을 유지하고 있다.

속 추진해왔고, 해충의 확산을 억제하기 위해 말라티온 같은 살충제를 공중살포하는 것이 중요한 방법으로 사용되고 있다. 작물에 따라서도 살충제 사용 양상이 각각 다르다. 사과에 사용되는 유효 성분의 양은 절반으로 줄어들었지만, 감자에 사용되는 양은 크게 치솟았다.

산업계는 곤충의 내성 증가와 급증하는 세계 인구에 대응하여 효율성을 높이면서도 살충제의 독성을 감소시키기 위해 최선을 다해왔다고 주장한다. 전체적으로 볼 때 살충제에 들어가는 비용은 크게 증가했다. 다시 말해서 농민과 일반 주민은 사용량이 최대치에 이르렀을 때보다는 살충제를 적게 사용하고 있을지 모르지만, 오늘날의 살충제는 훨씬 더 강력해졌고 값도 더 비싸졌다. 환경연구그룹이 미국 정부가 실시한 잔류 살충제 조사 사례 10만 건 이상을 분석한 결과, 일반적인 과일

한 과학자가 실험실에서 복숭아나무와 배나무가 담긴 접시들을 살펴보고 있다. 이것들은 유전자를 첨가해 배양한 세포에서 자란 것이다. 『침묵의 봄』에서는 생명공학 기술의 발전에 대해 짧게 경고하는 데 그쳤지만, 카슨이 이 생물학적 대안에 지지를 보낸 것은 아니다.

과 야채 46종에서 192종의 살충제가 발견되었다. 그 중에서도 승도복숭아(털이 없는 복숭아)가 1위를 차지했고, 그 뒤를 배와 복숭아가 이었다. 승도복숭아의 경우에는 시험한 전체 표본 중 97%에서 살충제가 검출되었고, 배와 복숭아는 94%에서 검출되었다.

레이첼 카슨은 "화학살충제를 절대 사용하지 말아야 한다는 게 아니다"라고 분명히 말했다. 그렇지만 그 사용량을 크게 줄여야 한다고 믿었다. 오늘날 세계는 살충제에 연간 336억 달러를 쓰고 있으며, 그 비용은 계속 증가하는 추세이다. 그 중에서 미국이 연간 전세계 비용의 3분의 1인 110억 달러를 쓰고 있다. 전체 미국 가구 중 4분의 3은 아직도 살충제를 사용하고 있다. 그러나 과연 『침묵의 봄』이 나온 이후 살충제는 더 안전해졌을까?

환경운동가들은 반드시 그렇지는 않다고 경고한다. 환경문제와 사람의 건강문제 그리고 곤충의 내성 증가 문제는 산업계와 규제를 가하려는 사람 모두에게 끊임없는 숙제를 던지고 있다. 1982년 뉴욕 주 롱아일랜드에서 살충제 알디카르브로 인한 지하수 오염 사례가 처음으로 보고되었다. 1993년에는 코넬대학의 곤충학자 데이비드 피멘텔이 아직도 매년 6,700만 마리의 새가 살충제 때문에 죽어가고 있다고 추정했다. 1999년에도 살충제 제품에 유기인산 클로르피리포스가 4천 톤이나 사용되었다. 그 후 새로운 규제법에서 가정용 살충제가 유아 및 아동에 미치는 위험 분석이 필수 항목이 되자, 클로르피리포스는 사용이 금지되었다. 가정에서 30년이나 사용된 뒤에야 클로르피리포스는 위험한 물질로 밝혀졌다.

따라서 불충분한 시험에 대한 카슨의 비판은 아직도 유효하다. 환경단체들은 산업계의 구태의연함과 표리부동한 자세를 비난한다. 그러나 뒤퐁 사의 회장을 지낸 찰스 매코이의 말처럼 "민간 기업은 대중의 양해 아래 살아간다". 『침묵의 봄』에 분개했던 대중은 그 후에도 값싼 식품과 벌레가 없는 집이라는 미국인의 꿈에 계속 이끌려왔다. 어떤 의미에서는 카슨의 표현대로 "사람들 스스로 화를 자초한 것이다".

새로운 해충 방제 방법은 살충제 사용에 관한 균형의 추를 움직일 만큼 충분한 지지를 얻지 못했다. 1996년 리딩대학의 해충 방제 전문가 헬무트 반 엠덴과 런던 킹스칼리지의 데이비드 피콜은 「침묵의 봄을 넘어」라는 보고서를 작성했다(이것은 1992년 개최된 UN환경계획 워크숍의 결과로 나온 것이다). 「침묵의 봄을 넘어」에서는 '통합적 해충 관리'의 성공 사례를 소개했다. 통합적 해충 관리는 생물학적 천적이나 농경지 위생처럼 살충제를 사용하지 않는 방법들을 신중하게 혼합한 전술이다(단, 농작물 손실이 비경제적으로 커지는 지점에서는 적기에 화학물질을 최소한 사용할 수 있다). 보고서 저자들은 '많은 점에서' 카슨의 주장이 옳다고 인정했지만, "인간의 수명은 계속 증가하고 있다. 사회가 반응을 보였고, 새들은 여전히 노래를 부르고 있다"고 주장했다. 카슨도 이에 동의할 것이다. 그러나 통합적 해충 관리는 그다지 큰 영향을 미치지 못

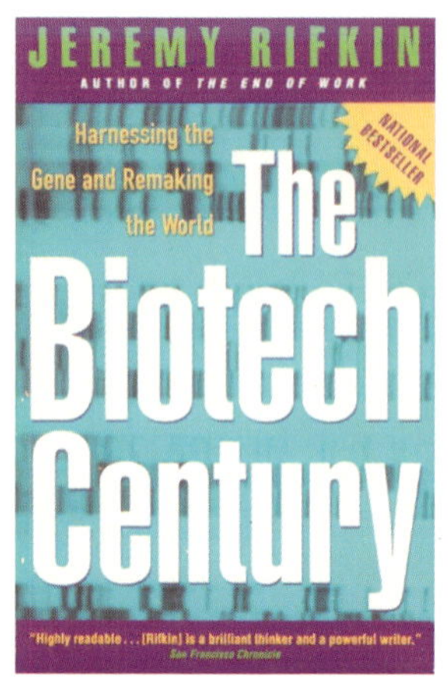

베스트셀러 작가 제레미 리프킨은 사회와 환경에 대한 새로운 기술적 위험을 경고했다. 카슨은 유기농법을 일찍부터 지지했기 때문에 유전자 변형 기술을 비난했을 가능성이 크다.

했다. 미국 식품산업은 이제 해충 방제의 주요 수단으로 유전자 변형 생물, 특히 제초제에 대한 내성이 있는 생물을 선호하고 있기 때문이다. 카슨은 "소위 우리의 미래를 설계하는 건축가들은 …… 생식질(정자, 난세포 등 생식에 관련된 세포)의 설계를 바꾸는 것이 가능할 날을 고대하고 있다"고 썼다. 지금까지 카슨이 살아 있다면 그것을 직접 목격했을 것이다. 최초의 유전자 접합은 1973년 캘리포니아 주에서 일어났다.

'화학살충제'라는 단어를 '유전자 변형 생물'이라는 단어로 바꾸면 『침묵의 봄』은 오늘날의 식품산업에 대해 통렬한 공격을 가하는 책이 될 것이다. 유전자 변형이 이론에서 시작하여 실험실을 통해 미국 전체 식품 중 절반에 사용되고 있는 이 놀라운 속도는 DDT의 이야기와 비슷하다. 많은 회사들도 똑같고, 행동 방식도 비슷하다. 화학약품을 사용하는 문제와 마찬가지로 유전자 변형 생물이 야생생물과 사람의 건강에 미치는 영향에 대한 정보가 부족하다. 이로 인해 업계는 유전자 변형 생물의 안전성을 주장할 수 있었고, 전세계 가난한 사람들을 위해 불가피한 선택이라는 그들의 입장을 광범위하게 홍보할 수 있었다.

생명공학에 대한 통렬한 비판가들이 몇 명 있는데, 그 중에서도 왕성한 작품 활동을 하고 있는 제레미 리프킨이 대표적이다. 그가 쓴 『바이오테크 시대』는 생명공학이 사회와 환경에 미치는 위험을 다룬 책 중에서 가장 많이 읽힌 책이다. 그러나 살충제 이야기와는 달리 유전공학에 대한 대중의 분노는 대부분 미국 밖에서 분출되어 미국에서 생명공학을 지지하는 사람들을 깜짝 놀라게 했다. 그들은 『침묵의 봄』을 읽지 않은 것이 분명하다.

많은 환경보호론자들은 유기농법이 미래의 물결이며, 화학적 해충 방제법보다 자연적인 방법을 선호하기 때문에 『침묵의 봄』에서 말하는 정신과도 일맥상통한다고 주장한다. 그들은 소비자들이 슈퍼마켓에서 건강에 더 좋은 식품(화학약품이나 첨가제를 사용하지 않은 식품)을 선호한다고 주장한다. 유기농법은 유럽에서 발전하고 있는데, 광우병 파동으로 소 사육 산업이 큰 타격을 입은 뒤에 더욱 힘을 얻고 있다. 일부 국가에서는 모든 유아식 제품을 유기농법으로 생산하고 있다. 유기농 식품회사인 스토니필드팜 사의 게리 허시버그가 들려준 말에 따르면, 유기 제품의 판매는 10년 이상 매년 22%의 성장을 보여왔다고 한다. 오늘날 농법을 둘러싼 논쟁은 유전자 변형과 유기농법 사이에서 더욱 양극화되는 추세이다.

다시 나타난 흰머리독수리

『침묵의 봄』은 독수리를 구했다. DDT 사용금지, 민간·주·연방 차원의 보존 노력, 멸종 위기종에 관한 법 등의 도움으로 멸종 직전의 흰머리독수리는 다시 수가 불어나게 되었다. 1960년대 초 미국에 사는 흰머리독수리는 400쌍에 불과했는데 2000년에는 6,500쌍에 이르렀다. 그리고 전국오두봉협회의 연례 크리스마스 조류 관찰에서는 그때에 비해 두 배나 많은 독수리가 계속 관찰되었다. 그 밖의 맹금류도 흰머리독수리만큼 극적으로 불어나진 않았지만 그 수가 점차 회복되어 갔다.

연어는 『침묵의 봄』에서 비중 있게
다룬 동물인데, 연어의 상황은 여전히
어둡다. 1990년대 초 시애틀 시민들은
그 지역의 지속 가능성을 나타내는 주
요 지표로 건강한 연어를 선택했다. 연
어가 지니는 환경·경제·문화·사회
적 중요성 때문이었다. 그러나 그 후 광
범위하게 실시된 첫번째 조사에서 워싱
턴 주는 야생에 살고 있는 개체 중 40%
만이 건강한 것으로 분류된다고 발표했
다. 이것은 1992년에 비해 다소 떨어진
수치였다. 그러나 캐나다의 대서양 연

멸종 위기종에 관한 법(1973) 덕분에 미국의
국가 상징 동물인 흰머리독수리가 다시 그 수
를 회복하게 되었다. 1962년에는 미국에서 흰
머리독수리가 금방 사라질 것처럼 보였다.

안에 위치한 뉴브런즈윅 주의 미라미치 강에 사는 연어 개체 군은 건강
상태가 훨씬 좋았다.

　『침묵의 봄』에 나오는 야생동물 중에서 미국 울새는 주인공에 해당
한다. 울새의 경우에는 좋은 소식과 나쁜 소식이 섞여 있다. 카슨을 비
판하는 사람들은 1960년대 초 테네시 주 내슈빌에 울새가 집단으로 둥
지를 튼 예외적인 사례를 들어 울새가 풍부하게 존재한다고 공격했다.
그 후에 크리스마스 조류 관찰에서 목격된 울새의 수는 해마다 오락가
락했지만, 1960년대보다 더 올라가지는 않았다. 미국과 유럽에서 명금
류 개체 군은 서식지 상실, 집약 농업, 살충제 살포 등에 아주 취약한 상
태에 있다. 영국조류학기금에서 실시한 일반적인 조류 개체 수 조사 결
과에 따르면, 1960년대 이후 종다리와 멧새 같은 영국의 들에서 사는

이제 울새는 미국의 '독성 잔디' 위에서 수십 마리씩 죽어가지 않게 되었다. 그러나 전세계 많은 새들이 해로운 살충제 때문에 생존을 위협받고 있다.

새들의 개체 수가 크게 감소한 것으로 나타났다. 이러한 경향은 1999년 『네이처』에 실린 「제2의 침묵의 봄?」이란 논문에서도 확인된다.

일반적으로 포유류는 오늘날의 살충제에 대해 훨씬 안전한 편이다. 그러나 새와 물고기와 이로운 곤충은 살충제에 노출되면 참혹한 결과를 맞이할 수 있다. 게다가 유기인산 살충제는 아직도 전세계 여러 지역에서 광범위하게 사용되고 있다. 인도와 중국에서는 아직도 농업을 위해 DDT와 그 밖의 독성이 심한 살충제를 생산하고 사용하고 있다. 봄베이에서는 파르시*가 치르던 전통적인 '조장'(鳥葬)이 중단되었는

---

* 파르시(Parsee)는 8세기에 페르시아에서 인도로 달아난 조로아스터 교도의 후손들을 말한다. 주로 봄베이 근처에 산다.

벌은 살충제에 취약하다. 『침묵의 봄』에서 한 양봉업자는 "5월이 되었는데도 뜰에서 윙윙거리는 소리가 전혀 들리지 않으니 너무나도 비통했다"고 말한다.

데, 시체를 말끔히 처리해주던 새들이 얼마 남지 않았기 때문이다. 1995~96년 겨울에 아르헨티나에서는 살충제에 중독된 메뚜기를 잡아먹은 황무지말똥가리 2만 마리가 죽었다. 이 희귀한 종은 이 한 번의 사고로 전세계에 존재하는 전체 개체 수 중 5%가 사라진 것이다. 그 살충제는 1999년에 사용이 금지되었다. 2003년 프랑스 환경단체 '로뱅 데 부아'는 보졸레누보 양조장이 환경을 위협한다고 비난했다. "보졸레 지방에서는 오염된 물을 포도주보다 훨씬 더 많이 만들어낸다"고 그들은 주장했는데, 포도주를 만드는 데 사용되는 많은 양의 살충제가 그 원인이라고 지적했다. 일부 새로운 종류의 살충제는 특히 벌에게 큰 피해를 주었다.

전반적으로 『침묵의 봄』은 생명의 그물에 커다란 혜택을 가져다주었다. DDT는 기대만큼 빠른 속도는 아니지만 생태계에서 점차 사라져가고 있다. 그렇지만 아직도 일부 야생생물 종은 살충제 때문에 위험에 처해 있다. 살충제에 대한 규제가 약한 나라들에서는 상황이 더욱 심각하다(DDT사용이 금지되어 있지 않은 인도와 중국에서 특히 심각하다).

러브커낼 사건과 에코페미니즘

1963년 베티 프리던은 자신의 저서 『여성의 신비』에서 오랫동안 확립되어온 패러다임에 도전장을 내밀었다. 초기의 페미니스트 노동조합 운동가 거다 러너는 1963년 2월에 프리던에게 쓴 편지에서 이렇게 말했다. "저는 방금 당신의 훌륭한 책을 다 읽었습니다. 이 책을 읽으면서 제가 얼마나 흥분하고 기뻤는지 알려드리고 싶습니다. 당신은 레이첼 카슨이 새와 나무를 위해 한 것과 같은 일을 여성을 위해 했습니다." 카슨과 프리던은 둘 다 평범한 가정 주부들이 하고 싶어하던 말을 대변해주었고, 여성들은 점차 그 목소리를 사용해 화학 산업에 도전했다.

화학폐기물이 쌓여 있는 곳. 1978년 러브커낼 사건이 전국적으로 큰 파장을 불러일으킨 이래 미국에서는 오염된 장소가 최소한 2만 곳이나 확인되었다. 『침묵의 봄』은 화학물질과 암 사이에 연관관계가 있다고 주장하여 큰 논란을 불러일으켰다.

　　1952년 뉴욕 주 버펄로 근처에 있는 러브커낼에서 후커 화학회사가 현지 교육위원회에 단돈 1달러만 받고 땅을 팔아넘겼다. 그리고는 이 '자선' 행위에 대한 세금 감면을 요청했다. 문제는 후커 화학회사가 그 땅에 2만 1천 톤의 독성 폐기물을 매립했다는 사실이었다. 얼마 뒤 그 위에 건물을 짓자마자 폐기물이 유출되기 시작하여 학생과 현지 주민의 건강에 큰 문제를 일으켰다.

　　1977년에 이르러 로이스 마리 깁스 같은 현지 주민들은 아이들이 화학폐기물에 노출되는 위험을 점점 우려하게 되었다. 깁스는 당시를 이렇게 회상한다. "저는 99번가 학교를 폐쇄하자는 진정서를 들고 집집마다 방문하기 시작했어요. 그런데 몇 블록밖에 돌아다니지 않았는데도 전체 이웃이 질병으로 신음하고 있다는 사실이 명백하게 드러났죠. 남자, 여자, 어린아이 할 것 없이 암, 유산, 사산, 기형아 출산, 요로감염증 등 많은 질병을 앓고 있었습니다." 1978년 8월 뉴욕 주 보건부는 마침내 러브커넬 지역에 비상 사태를 선포하고 940가구를 대피시켰다. 그곳을 정화하는 데 지금까지 2억 5천만 달러 이상이 들었다. 깁스는 오늘날 '슈퍼기금의 어머니'로 알려져 있다. 슈퍼기금이란 오염 지역을 정화하는 데 투입되는 연방기금을 말한다.

에린 브로코비치-엘리스의 사례는 또 하나의 극적인 환경운동을 보여준다. 캘리포니아 남부에 있는 한 법률회사에서 문서 정리 일을 하던 그녀는 1990년대 중반에 혼자서 법률탐정 일을 맡아 조사하던 중 한 가지 놀라운 사실을 밝혀냈다. 바로 퍼시픽 가스전기회사의 압축 공장 근처에 사는 힝클리 지역 주민 수백 명이 지표수로 흘러들어간 독성물질 크롬-6 때문에 건강이 극도로 나빠졌다는 사실이다. 1996년 그러한 종류의 소송으로는 최대의 집단 소송에 휘말린 퍼시픽 가스전기회사는 법원의 중재에 따라 독성 화학물질로 인한 신체 손상에 대해 미국 역사상 최대의 배상금을 물게 되었다. 에린 브로코비치-엘리스는 "만약 그 사건이 3억 3,300만 달러로 합의가 이루어지고 줄리아 로버츠가 주연한 영화로 200만 달러의 보너스를 더 받을 수 있다는 생각을 한순간이라도 했더라면, 나는 기소되었을 것이다"라고 말했다.

카슨은 자신을 여성문제의 옹호자라고 생각한 적이 단 한번도 없었다. 카슨은 프리던처럼 박사 학위를 포기하라고 강요받았으며, 제약이 심한 사회적 관습과 가족의 기대 때문에 글을 쓸 자유도 제약받았고, 남성 위주의 과학계에 대해서도 비판적이었다. 그렇지만 그녀는 가정에 갇힌 주부하고는 거리가 멀었다. 1962년 『라이프』와 가진 한 인터뷰에서 카슨은 이렇게 말했다. "나는 여성이나 남성이 하는 일에는 관심이 없다. 오직 사람들이 하는 일에만 관심이 있다." 『침묵의 봄』에서 카슨은 남성 위주의 과학계를 포함하여 온갖 종류의 자료 제공처에 대해 열린 자세를 보였다. 그러나 주변 세상에서 일어나는 변화에 큰 관심을 가진 주부들의 세계와 접촉하면서 카슨은 분출되고 있던 어떤 경향을 확인하게 되었다.

카슨이 페미니스트가 아닌 것처럼 프리던은 생태학자가 아니었으나, 러브커넬 사건 이후 '에코페미니즘'은 지역적인 운동에서 하나의 원동력이 되어왔다. 대중의 태도를 조사한 결과에 따르면, 어느 나라에서건 환경문제에 관해서는 남성보다는 여성이 더 큰 관심을 보이는 것으로 나타났다. 또 보스턴대학의 공중보건과 교수 패트리샤 하인즈의 말에 따르면 여성은 남성보다 더 엄격한 환경법의 제정과 환경보호를 위한 더 많은 공적 자금 투입을 원했다. 『침묵의 봄』에서 처음으로 자신들이 염려하는 바를 표현한 평범한 주부들은 그 후로 지역적인 운동을 이끄는 에코페미니스트가 되었다.

『하류에서 살아가기』: 지역 주민의 행동

1980년까지 미국 전역에서 독성 폐기물 투기 장소가 2만 3천 군데나 확인되었고, 환경보호국은 그것을 처리하기 위해 16억 달러의 '슈퍼기금'을 마련했다. 폐기물을 처리하는 과정은 아주 더디게 진행되었는데, 계속 제기되는 소송과 독성 폐기물 배출에 대한 대중의 알 권리가 점진적으로 향상된 상황은 폐기물 처리 과정에 고삐를 죄었다. 그러나 이미 폐기된 독성물질을 처리하는 것보다 더 빠른 속도로 새로운 독성물질 배출원이 생겨나고 있는지도 모른다.

샌드라 스타인그레이버의 『하류에서 살아가기』는 환경오염에 직면한 보통 미국 여성이 겪는 끔찍한 경험을 실감나게 들려준다.

이 문제를 다룬 샌드라 스타인그레이버의 『하류에서 살아가기』는 '새로운 침묵의 봄'이라는 찬사를 받았다. 『침묵의 봄』과 마찬가지로 이 책은 독성 폐기물 배출 자료와 최근에 입수한 암 현황 자료를 세심하게 대비시키는 등 엄밀한 연구로 유명하다.

스타인그레이버가 이 책을 쓰게 된 동기 가운데 하나는 일리노이 주 피오리아 근처에 있는 자기 이웃의 소도시에서 쓰레기 소각장 설치 장소를 놓고 벌어진 논란이었다. 그 논란은 살충제 공중살포를 둘러싼 논란과 비슷한 것이었다. 카슨은 도시들을 익명으로 언급했지만, 스타인그레이버는 미국 전역에서 실제로 암이 많이 발생하는 지역들을 구체적으로 거명했다. 그녀의 책은 카슨의 책처럼 조심스럽고 서정적인 문체로 쓰여졌다. 그러나 스타인그레이버는 단순히 사실만 제시하기보다는 이야기를 마치 소설처럼 전개해나간다. "카슨이 나처럼 이런 책을 썼더라면 틀림없이 비웃음을 받았을 것이다. 나는 독자들이 책을 계속 읽어나가게 하기 위해서는 …… 강렬한 1인칭 서술을 사용해 과학적인 이야기를 풀어나가야 한다고 생각했다." 카슨은 자신의 책에서 딱 한 번 자기 이야기를 썼는데, 그것은 자신의 암에 대한 이야기가 아니라(그 당시에는 책에서 언급할 수 없는 주제였다), 시험관에서 원생동물(아메바, 짚신벌레 등 단일세포의 아주 작은 동물)을 키우던 학생 시절을 회상하는 이야기였다.

『하류에서 살아가기』는 환경성 암에 대한 논란을 불러일으키는 데 중요한 역할을 했다. 비록 이 책은 베스트셀러 대열에는 한 번도 들지 못했지만, 카슨보다 훨씬 적극적인 운동가였던 스타인그레이버는 큰 영향력을 가진 보건 및 환경운동가들의 손에 그 책이 들어가도록 모든 노력을 다했다. 따라서 이 책이 비교적 미온적인 비판밖에 받지 않았다는 사실은 다소 놀랍다. 『리즌』의 과학 담당 기자이던 론 베일리는 "카슨이 처음 제기하고, 그 후 그녀의 환경운동 사도들이 이어간 암에 대한 공포"를 부정하는 논조의 글을 썼지만, 설득력 있는 증거를 제시하지는 못했다. 아마도 환경성 암에는 광범위한 산업 부문이 관련되기 때문에, 어느 특정 부문이 특별히 책임을 느끼거나 구체적인 대응을 할 필요성을 느끼지 못했는지도 모른다.

환경단체인 '자연보존'은 메인 주의 섬 50여 개와 해안의 자연보호구역 11곳을 레이첼 카슨 해안으로 지정했다. 그러나 그녀가 태어난 펜실베이니아 주의 앨러게니 카운티는 그렇게 운이 좋지는 못했다. 2001년 비영리 단체인 환경보호기금은 독성물질의 배출 실태를 조사해 점수화했다. 인터넷에 들어가면 미국 내 모든 마을의 점수를 찾아볼 수 있는데, 주요 화학물질 배출과 폐기물 발생을 기준으로 할 때 앨러게니는 최악의 마을 10% 안에 들어간다. 카슨의 고향인 스프링데일에 있는 PPG 사의 공장에서만 2001년 한 해에 대기중으로 배출한 독성 화학물질의 양이 110톤을 넘었다. 『침묵의 봄』이 나온 지 40년이 지났지만 독성 화학물질의 배출을 최소화하기 위한 조처가 제대로 이루어지지 않고 있는 것이다. 그러나 지역 공동체는 최소한 오염물질이 어디서 나오는지 알 권리가 있다. 이것은 카슨의 시대에는 불가능한 것이었다.

『빼앗긴 우리의 미래』: 지구 전체를 생각하라

1968년 휴대용 텔레비전 카메라를 가지고 우주로 날아간 아폴로 8호는 허공 속에 떠 있는 조그마한 푸른 공처럼 생긴 지구의 모습을 전세계 수백만 시청자에게 보여주었다. 핵폭발의 버섯구름 사진만큼이나 강렬하게 사람들의 가슴속에 와닿은 이 이미지는 전세계적으로 환경의식을 고취시키는 데 지대한 영향을 미쳤다.

칼 세이건과 그 동료들은 1983년 『사이언스』에 발표한 유명한 논문에서 끔찍한 '핵겨울' 의 가능성을 경고했다. 그렇지만 지구가 직면하고 있는 위험은 핵겨울만이 아니다. 1974년 캘리포니아대학의 화학자 셔우드 롤런드와 마리오 몰리나는 클로로플루오로카본(CFCs)이 지구를 보호하고 있는 성층권의 오존을 파괴할 수 있다고 주장했다. 그러나 이때에는 학계의 논문을 대중에게 널리 알릴 수 있는 레이첼 카슨 같은 인물이 없었다. 오히려 논문의 주장을 덮으려는 움직임이 일어났다. NASA(미항공우주국)는 인공위성들의 측정 장비를 미세하게 조정하여 성층권의 오존층 파괴가 포착되지 않도록 했다. 그 결과 대부분의 과학자들은 오존층 파괴가 그다지 심각한 수준으로 일어나지 않는다고 생각했다. 그러다가 1985년에 가서야 영국남극조사단의 조 파먼이 오존 구멍을 발견해 세상에 널리 알렸다. 그 후 15년간에 걸친 격렬한 시위와 몬트리올 의정서(1985~87년에 UN환경계획이 개최한 회의) 같은 국제 협상을 통해서 비로소 CFCs와 그 밖의 오존을 파괴하는 물질 생산을 중단시켜나가기로 하는 국제적 합의가 이루어졌다.

산성비가 숲과 호수를 파괴하는 주요 원인이라는 사실이 밝혀지고 산성비를 감소시키기 위한 국제 합의가 이루어지는 데에도 그와 비슷한 시간이 걸렸다. 가장 극적인 반응은 독일에서 일어났는데, 1980년대 초에 발생한 '숲의 죽음'은 생태학자들의 의식을 일깨워 녹색당을 탄생시켰다. 페트라 켈리가 이끈 녹색당은 마침내 1988년 연립정부에서 각료 자리를 여러 석 차지함으로써 주류 정치계에 당당히 진입하는 데 성공했다. 다른 유럽 국가에서도 독일 녹색당의 성공을 모방하려는 시도가 있었지만, 어디에서도 큰 성공을 거두지는 못했다. 비록 산성비는 녹색 정치를 탄생시키는 데 도움을 주긴 했지만, 기억에 남을 만한 녹색 선언을 낳지는 못했다.

『침묵의 봄』은 산업발달에 따른 오염에 대한 의식을 고취시켰지만, 환경운동가들은 아직도 오염물질의 배출을 줄이기 위해 힘겨운 싸움을 벌이고 있다. 카슨이 태어난 펜실베이니아 주 앨러게니에서는 독성물질의 배출량이 2001년까지 지난 10년 사이에 오히려 크게 증가했다.

　　빌 매키빈이 쓴 『자연의 종말』은 또 다른 '새로운 침묵의 봄'이라고 불릴 만한 유력한 후보이다. 으스스하면서도 아름다운 문체로 쓰여진 이 책은 지구 온난화 현상의 원인을 대기 중으로 배출되는 이산화탄소 때문이라고 규정한다. 현재 진행되고 있는 기후 이변의 규모로 볼 때, 이제 자연계 현상이 인간의 간섭과는 무관하게 진행되던 시대가 끝났다고 매키빈은 주장한다. 지구 온난화 문제에 대해 미국이 각성하려면 엄청난 문화적·기술적·상업적 변화가 필요하다(일부 유럽 국가에서 일어난 더욱 큰 규모의 행동은 그것이 불가능하지는 않다는 걸 보여준다). 이에 비해 DDT를 다루는 문제는 훨씬 간단하다고 매키빈은 주장한다.

이 숲은 산성비 때문에 파괴되고 말았다. 산성비를 만드는 주범은 산업 활동에서 배출된 황과 질소이다. 1970년대와 1980년대 초에 오대호와 오하이오 강 계곡 지역에 내린 비는 루트 비어(root beer ; 사르사 뿌리, 사사프라스 뿌리 등의 즙으로 만든 알코올 성분이 거의 없는 음료수)보다 산성이 더 강했다.

그러나 과연 그럴까? 1970년대 초 DDT와 PCB 같은 오염물질들은 가장 외딴 육지와 바다뿐만 아니라 흰돌고래와 남극펭귄 같은 동물의 몸 속에서도 검출되기 시작했다. 종종 '더러운 물질'이라고도 부르는 이들 잔류성 유기 오염물질은 찾으려고만 하면 어디서든지 발견된다. 현재 우리 몸 속에는 1920년대에는 전혀 존재하지도 않던 합성 화학물질이 최고 500종류나 있다. 카슨은 "우리는 당장 나타나는 큰 효과만 쳐다보고 나머지는 모두 무시하는 버릇이 있다. 문제가 무시할 수 없는 명백한 형태로 나타나지 않는 한, 우리는 어떤 위험이 존재한다는 사실 자체를 인정하려 하지 않는다"고 경고했다. 그녀는 잔류성 화학물질이 생식에 교란을 일으킬 가능성을 지적했다. 지난 10년 동안 극소량의 잔류성 유기 오염물질이 실제로 사람과 동물의 몸 속에서 호르몬의 작용을 교란시킬 수 있다는 아주 복잡한 과학적 증거가 축적되어 왔다. 특히 유아와 태아에게서는 호르몬 작용의 교란이 더 쉽게 일어난다.

지구 온난화 문제를 다루어 베스트셀러가 된 빌 매키빈의 책(사진은 2003년도 개정판 표지). 매키빈은 『뉴요커』에 정기적으로 기사를 쓰고 있다. 그는 카슨에 대해 "문제를 정확하게 지적했고, 해결책을 제시했으며, 그에 따라 세상이 나아가는 방향이 바뀌었다"고 평했다.

최근 이 문제를 다루어 대중의 큰 관심을 집중시킨 책이 있다. 세계야생생물기금(WWF)의 선임 프로그램 과학자 시오 콜본이 쓴 『빼앗긴 우리의 미래』가 바로 그 책이다.

콜본은 오대호의 생태계, 인체 등 서로 별개의 주제를 다룬 4천여 편의 과학 논문을 뒤져 내분비선 교란에 관한 증거를 수집한 뒤 『빼앗긴 우리의 미래』를 집필했다. 카슨은 혼자서 또는 한 번에 한 명의 과학자와 협력하며 살충제에 대한 연구를 해나갔다. 그러나 이와는 대조적으로 '독극물 박사 할머니'라는 별명으로 불리던 콜본은 내분비선 교란을 이해하기 위해 1991년 위스콘신 주의 윙스프레드 회의장에서 100명의 과학자가 참석하는 회의를 조직했다. 윙스프레드에 참석한 과학자들은 야생생물 개체 수의 급감, 조산, 정자수 감소, (가장 논란이 되었던) 지능 지수 저하 등이 잔류성 화학물질에 의한 낮은 수위의 오염 때문일 가능성이 있다는 데 의견을 모았다.

'독극물 박사 할머니' 시오 콜본은 사람의 생식 및 발달에 일어나는 심각한 문제의 원인이 환경적인 데 있다는 사실을 널리 알리기 위해 『빼앗긴 우리의 미래』를 공동 저술했다.

1996년에 이 책이 출판되었을 때, 그것은 '새로운 침묵의 봄'이라는 찬사를 받았고, 콜본은 새로운 레이첼 카슨이라 불렸다. 콜본은 자신을 카슨과 비교하는 것을 단호하게 거부한다. 무엇보다도 콜본에게는 어려운 과학적 내용을 이해하기 쉽게 설명하는 것을 도와준 공동 저자가 두 사람 있었다(다이앤 듀머노스키와 존 피터슨 마이어스). 이 팀은 카슨이 한 것처럼 작가의 본능에만 의존한 것이 아니라, 호소력이 떨어지는 메시지가 광범위한 대중에게 어떻게 전파되는지 파악하기 위해 선별된 소비자 그룹을 활용했다.

이 책은 '기우'에 불과하다거나 '상상력이 풍부하다'는 등 귀에 익은 비난을 받았다. 콜본은 1988년 2월에 더그 해밀턴 기자와 인터뷰를 하면서, 내분비선 전문가인 텍사스 A&M대학의 스티브 세이프 박사가 "그 책에 대해 아주 경멸적인 발언을 했다"면서 이렇게 말했다. "그러나 그는 그 책을 읽은 적이 없다고 시인했다. 또 읽고 싶은 생각도 없다고 했다." 그러나 산업계가 보인 일반적인 반응은 적극적인 반박보다는 아예 어떤 언급도 하지 않는 것에 가까웠다. "대개의 경우, 그들은 나를 무시했다고 나는 생각한다"고 콜본은 말한다.

『빼앗긴 우리의 미래』는 어떤 영향을 미쳤을까? 무엇보다도 DDT 같은 화학물질의 장기적인 독성에 대한 연구가 더 깊이 이루어지게 되었다. 최근 미국 환경보건과학연구소와 미국 질병통제센터의 매튜 롱네

커가 함께 얻어낸 조사 결과가 한 예이다. 2001년에 그들은 그 결과를 영국의 유명한 건강 잡지인 『란싯』에 발표했다. 그들은 새로운 화학기술을 사용해 1950년대와 60년대에 아기가 탄생할 때 얻은 산모의 혈액 시료를 분석했다. 결과는 다이너마이트나 다름없었다. DDT 농도와 '조산' 사이에 밀접한 상관관계가 나타났다. 또 다른 연구에서는 DDT가 산모의 수유 기간을 단축시킨다는 결과가 나왔다. 롱네커는 『뉴 사이언티스트』의 인터뷰에서 살충제를 과다 사용하던 시기 미국에서 사망한 전체 유아 중 최고 15%는 바로 그 살충제 때문에 사망했을 수도 있다고 주장해 큰 논란을 일으켰다. 만약 그의 주장이 옳다면, DDT는 미국에서만 연간 수만 명에 이르는 유아의 생명을 앗아간 것이다.

『빼앗긴 우리의 미래』는 모든 잔류성 유기 오염물질을 금지하자는 스톡홀름 협약*을 추진하는 데 기여했다. 이 협약은 50개국이 비준하는 즉시 효력을 발휘하게 되어 있었는데 이 책을 쓰고 있을 당시에는 41개국이 비준을 마쳤다. 이탈리아 세베소에서 일어난 산업 재해는 위험한 잔류성 유기 오염물질의 제조와 처리를 통제하려는 노력에 박차를 가하게 했다. 1976년 7월 한 화학공장에서 폭발이 일어나면서 다이옥신(사람이 만든 가장 위험한 화학물질 중 하나)이 구름처럼 방출되어 인근 지역을 덮쳤다. 이 사고의 뒤처리는 아주 잘못되었으나, 유럽 국가들이 산업 안전에 대해 훨씬 강화된 법을 마련하는 계기가 되었다(그 와중에 한 공장 관리자가 테러 분자에게 암살당하기까지 했다). 1984년 인도 보팔에

---

*DDT, 알드린, 디엘드린 등 독성이 강한 잔류성 유기 오염물질 12종을 국제적으로 규제하는 협약이다. POPs조약이라고도 하며 2004년 5월 현재 151개국이 서명하고 59개국이 비준했다. 미국은 서명만 하고 비준하지 않았다.

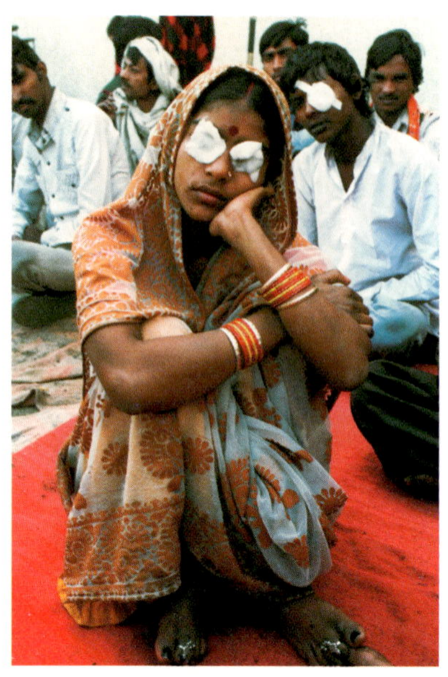

1984년 12월 인도 보팔에서 일어난 유니언카바이드 사 화학 공장 폭발사고로 부상당한 사람들. 이소시안산메틸 가스 누출로 현지 주민 3,300명이 사망하고, 2만여 명이 부상을 입었다. 세베소(1976)와 체르노빌(1986) 참사와 함께 이 사건은 세계 최악의 산업 재해 중 하나로 꼽힌다.

서 일어난 더 끔찍한 사고는 개발도상국에서도 산업 안전을 개선하는 계기가 되었다.

오늘날 환경운동가들은 잔류성 유기 오염물질이 전체 독성물질에서 차지하는 비율은 빙산의 일각에 불과하다고 보고 있다. 환경과 여성의 건강, 특히 유방암 사이의 관계를 확인하고 이를 변화시키기 위해 과학자, 의사, 공중보건 옹호자, 지역사회 운동가 등이 연대하여 침묵의 봄 연구소를 설립했다. 이 단체의 조사에 따르면 오늘날 일반적으로 사용되는 화학물질의 종류가 무려 8만 7천여 가지에 이른다고 한다.

이 중 많은 물질은 아직 독성 시험을 제대로 거치지 않았다. 이것은 단순히 학계만의 문제가 아니다. 2003년 침묵의 봄 연구소 과학자 5명이 매사추세츠 주 케이프코드의 120가구를 조사한 결과, 가정에서 호르몬을 교란시키는 화학물질이 평균 45가지나 발견되었다. 그러한 물질은 비단 살충제 속에만 들어 있는 게 아니라 세정제, 플라스틱, 가구 그리고 화장품과 헤어 스프레이 같은 개인용품에도 들어 있었다. 이 중 많은 화합물에 대해서는 건강을 위한 최소한의 노출 허용량 표시는 물론이고 기본 정보조차 표시되어 있지 않았다.

일부 환경단체가 대처 속도가 느린 사안별 접근 방법에 분통을 터뜨린 건 당연한 일이다. 그들은 '예방 원리'를 언급하면서 PVC(폴리염화비닐)를 포함해 의심되는 모든 화합물을 금지시키자고 제안했다. 그린피스는 12년 전에 "93년은 염소(Cl) 없는 해로!"라는 기치를 내걸었다. 2003년 WWF는 영국에서 일단의 사람을 표본조사한 결과, 그 중 99%의 몸 속에 DDT와 관련있는 화학물질이 있음을 발견했다. 더 기막힌 사실은 당시는 DDT 사용이 금지된 지 30년이 지난 시점이라는 것이었다. 이러한 결과 때문에 WWF는 독성물질에 관한 야심만만하고 실현 가능한 정책을 설정하게 되었다. 이 정책의 목표는 한 세대 안에, 늦어도 2020년까지는 독성 화학물질과 살충제가 생물 다양성에 미치는 위협을 종식시키겠다는 것이었다. 특히 내분비선을 교란시키고 생물의 체내에 농축되거나 잔류성이 강한 화학물질을 최우선으로 퇴출시켜야 했다. 당연히 화학산업계는 시큰둥한 반응을 보였다.

말라리아 지뢰밭

매년 전세계에서 약 100만 명이 살충제에 중독되는 사고를 당하고, 그 중 약 2만 명이 사망하고 있다. 아프리카에서는 30초마다 어린이 한 명이 말라리아로 죽어가고 있다. 매년 열대 지방과 아열대 지방에서 3억 명 이상이 말라리아에 걸리며, 최소한 100만 명이 사망한다. 1990년대 중반부터 나온 이 두 가지 수치는 세계보건기구에서 발표한 것인데, 말라리아를 예방하는 DDT의 역할을 둘러싼 논쟁을 불러왔다.

오늘날 말라리아가 창궐하는 상황은 카슨이 책을 쓸 때보다 훨씬 악화되었다. 말라리아 기생충은 새로 개발되는 약들에 대해 계속 내성

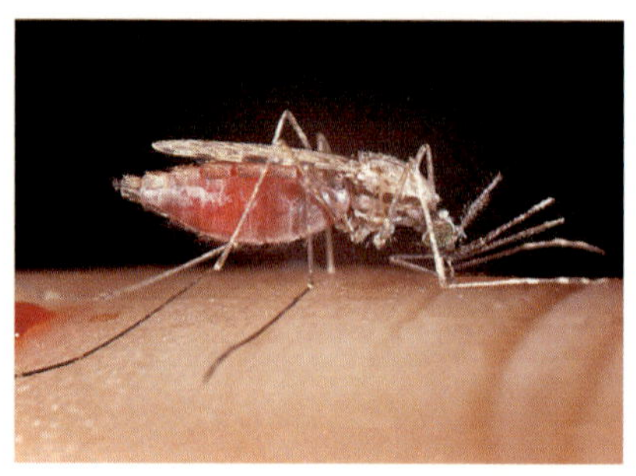

1940~50년대에 DDT는 모기가 옮기는 말라리아를 퇴치하는 데 큰 효과를 나타냈다. 그러나 대부분의 나라에서는 점차 DDT 사용을 중단하게 되었는데, 살충제 사용에 반대한 『침묵의 봄』 때문이라기보다는 DDT에 대한 모기의 내성이 커졌기 때문이다.

을 갖게 되었고, 많은 살충제가 더 이상 모기를 죽이지 못하게 되었다. 아직도 말라리아를 완전히 치료할 수 있는 '마법의 탄환'은 나오지 않았으며, 과연 그러한 특효약이 있기나 한 것인지 의문이 든다. 세계보건기구가 주도하는 국제적 협력운동인 '말라리아 퇴치운동'은 2010년까지 말라리아 환자의 수를 절반으로 줄이는 것을 목표로 종합적인 대책을 마련하고 있다. 이러한 대책에는 살충제 처치 방안과 현지 주민의 치료를 위한 말라리아 치료약 공급 등을 포함한다. 이러한 조처들을 함께 실행에 옮기면 말라리아 발병률을 최고 60%까지 줄일 수 있고, 어린이 사망률을 20%나 줄일 수 있다.

『침묵의 봄』에서 카슨은 "책임 있는 사람은 어느 누구도 곤충이 옮기는 질병을 무시해야 한다고 주장하지 않는다"고 썼다. '경쟁력 있는 기업협회'나 '말라리아와 싸우는 아프리카인', 심지어 '하버드국제개발센터' 같은 로비단체까지 국제적인 DDT 금지에 강하게 반대하는 목소리를 내왔다. '말라리아와 싸우는 아프리카인' 회장인 리처드 트렌은 "DDT를 조금 사용하느냐 전혀 사용하지 않느냐에 따라 하루에 개발도상국 국민 수천 명의 생사가 갈린다"고 말한다.

국제적 논쟁 끝에 현재 DDT는 스톡홀름 협약에서 예외적으로 허용되는 화학물질로 분류되어 있다. 에콰도르, 마다가스카르, 에티오피아, 남아프리카 공화국을 비롯해 20여 개 국가는 모기를 방제할 수 있는 대안이 개발될 때까지 DDT를 사용할 수 있다. 중국 외에 지금도 DDT를 만들고 사용하고 있는(얼마나 많은 양인지는 알 수 없지만) 곳은 인도 케랄라 지역이 유일하다. 이곳에 있는 힌두스탄 살충제회사는 국내용과 수출용으로 연간 1만 톤을 생산하고 있다. 그린피스가 1999년에 공장 주변의 습지대를 조사한 결과에 따르면, 이곳은 완전히 오염되어 있다.

중국과 인도는 스톡홀름 협약을 지지한 적이 없고, 자체적으로 DDT를 사용해왔다. 인도에서는 법적으로 DDT의 용도를 모기 방제용으로만 제한하고 있지만, 농부들은 DDT를 비롯해 알드린

인도 아그라의 거리에서 노점상이 청량음료를 팔고 있다. 2003년 연구자들은 코카콜라와 펩시를 비롯해 미국에서 생산되는 청량음료에 DDT를 포함해 안전 수준을 넘는 살충제 성분이 들어 있다는 사실을 발견했다. 의회는 일시적으로 청량음료의 판매를 금지하는 조처를 내렸다.

같은 금지된 농약을 쉽게 구할 수 있다. 그 결과 농부가 농약에 중독되는 사고와 야생생물이 죽어가는 사고가 잦을 뿐만 아니라 모유 속에 포함된 DDT 함량이 세계 최고를 기록하게 되었다. 인도의 환경단체 ‘독성물질연대’의 운동가인 마드후미타 다타는 “이것은 이 나라의 살충제 법적 관리에 큰 구멍이 뚫려 있다는 것을 여실히 보여줄 뿐만 아니라 법집행기관의 무관심도 보여준다”고 말한다.

그러나 마침내 인도에서도 잔류성 살충제에 대한 여론이 변하기 시작했다. 2003년 8월 델리에 본부를 둔 과학환경센터는 코카콜라와 펩시를 비롯해 인도에서 판매되는 십여 종의 청량음료 속에 린덴,

DDT, 말라티온, 클로르피리포스 등의 성분이 위험할 정도로 많이 들어 있다고 주장했다. 그러자 의회에서 큰 소란이 일어났고, 거리에서는 병을 깨는 등 과격한 시위가 벌어졌다(그리고 제조회사들은 법적 소송을 제기했다).

인도나 남아프리카 공화국 같은 나라에서 DDT를 모기 방제용으로 사용해야 하느냐 말아야 하느냐 하는 문제는 앞으로도 치열한 논란거리가 될 것이다. 이 논란은 심지어 미국에서도 다시 불타올랐다. junkscience.com의 운영자 스티븐 밀로이는 서나일열(곤충 매개성 질병의 하나)을 막기 위해 DDT를 사용해야 한다고 주장하고 있다. 비록 그는 곤충의 내성이라는 골치 아픈 문제에 대한 해결책을 제시하지 못하지만, 언론은 반대 목소리를 내는 사람을 좋아한다. 심지어 『뉴욕타임스』는 2003년 8월 DDT의 사용을 요구하는 논설을 싣기까지 했다──카슨이 "그 어떤 것도 스프레이 총을 든 사람의 앞길을 막아서는 안 된다"는 철학에 결정타를 날린 지 40년이 지난 지금에 와서 말이다.

Conclusion

결론

모든 사람의 마음에 자리잡은 『침묵의 봄』

레이첼 카슨은 『침묵의 봄』이 상업적 성공을 이어간 것을 매우 기쁘게 여겼을 것이다. 이 책은 출간 40주년인 2002년까지 200만 권이나 팔려 나갔다. 또 카슨은 이 책을 받아들인 대중이 보내준 비판적인 찬사에 더욱 기뻐했을 것이다. 비록 카슨이 출간 후 2년만에 죽었지만, 그래도 자신의 작품이 거둔 성공의 결실 중 일부는 지켜볼 수 있었다.

『침묵의 봄』은 미국의 일반 시민이 모르고 있던 DDT 같은 살충제의 위험을 세상에 폭로했다. 화학산업계가 비겁한 전략을 사용해 거센 반격을 가했음에도 불구하고, 워싱턴의 정책 전문가들은 DDT가 금지되는 것은 시간 문제이자 교묘한 정치적 흥정 문제라는 사실을 알고 있었다. 이런 방식으로 『침묵의 봄』은 미국과 해외에서 살충제를 규제하는 데 상당히 크게 기여했다.

흰머리독수리를 비롯하여 그 밖의 많은 종과 그들의 서식지가 『침묵의 봄』 덕분에 살아남았다. 미국의 수백만 시민과 전세계의 많은 사람들도 건강과 생명을 지켜준 레이첼 카슨에게 감사해야 한다(얼마나 많은 사람이 카슨에게 신세를 졌는지는 아직도 논란이 되고 있으며, 아마도 결코 의견의 일치를 보지 못할 것이다). 그러나 독성 화학물질을 규제하는 법의 실효성이 부족한 것에 카슨은 실망할지도 모른다. 미국에서 현재 사용되고 있는 살충제의 양은 카슨이 죽던 해보다 50%나 더 많다. 그리고 이러한 살충제가 일으키는 환경 및 건강문제의 목록은 줄어드는 것이 아니라, 오히려 늘어나고 있다.

잔류성 유기 오염물질, 산성비, 오존 구멍, 독성 폐기물에 관한 이야기에서 볼 수 있는 것처럼 잔류성 오염물질을 규제하는 것은 결코 말처럼 쉬운 일이 아니다. 규제 과정이 제 역할을 하고 있다고 생각하는 사람들도 그것은 느리고 불완전하다는 사실을 인정한다. 지리적인 면이나 복잡성 면에서 많은 사람들은 해결책보다는 위험이 훨씬 빠르게 확산되고 있다고 우려한다. 북극에서 남극까지, 흰돌고래에서부터 임신 60일째의 태아에까지 최근 확인된 내분비선 교란 현상은 규제의 필요성을 다시 한 번 강조하는 사례이다.

『침묵의 봄』은 현대 환경운동을 탄생시킨 어머니(혹은 최소한 산파)로 평가받고 있다. 확실히 참여자의 수로 보나 접근 방법의 정교함이나 다양성으로 보나, 오늘날의 환경운동은 자연보존에만 매달렸던 1960년대 초의 파벌적인 소규모 환경집단과는 비교가 되지 않는다. 『침묵의 봄』은 자연보호운동과 인간의 건강을 생각하는 환경운동을 통합시켰고, 지구의 날은 그러한 통합을 기념하는 날이 되었다. 비록 늘 쉬웠던 것만은 아니었지만 그 후 두 갈래 운동은 공통의 대의를 위해서로 협력해왔다.

카슨의 책은 환경정치학을 출범시키는 계기가 되었다. 개중에는 기회주의자도 있었고, 이상주의자도 있었다. 그렇지만 닉슨 같은 냉소

1952년만 해도 카슨은 베스트셀러 작가이긴 했지만, 과학 분야에서는 그다지 이름이 알려지지 않은 해양생물학자였다. 그로부터 10년 후 카슨은 『침묵의 봄』이라는 선언적인 작품을 쓴 작가로 변신했다.

"책이 세상을 변화시키는 힘은 예전만 못하다. 오늘날 책은 이전과는 다르게 우리 문화에서 더 구석으로 밀려나버렸다. 힐러리 클린턴의 새 책도 사회경제적 스펙트럼 전반에 걸쳐 그러한 종류의 인기를 끌지는 못할 것이라고 나는 장담한다. 『침묵의 봄』 같은 책은 다시는 나오지 못할 것이다."

—샌드라 스타인그레이버

위 왼쪽은 새끼흰머리독수리. 카슨을 비판하는 사람들도 야생생물이 『침묵의 봄』 덕에 큰 혜택을 입은 것은 사실이라고 인정한다. 흰머리독수리는 자유의 상징일 뿐만 아니라 생태학의 상징으로 떠오르게 되었다.
위 오른쪽은 1966년 베트콩의 은신처를 없애기 위해 유독한 제초제를 캄보디아 시골 지역에 뿌리고 있는 미 공군 비행기. 『침묵의 봄』은 살충제를 자연에 대한 전쟁인 동시에 사람에 대한 전쟁이라고 공격했다. 살충제는 전투의 승리를 가져다주었지만, 과연 전쟁에서도 승리한 것일까?
아래는 초기에 출판된 『침묵의 봄』. 이 책은 십여 개 언어로 번역되었으며, 크렘린에서도 비밀리에 번역되었다. 이 책은 아직까지도 유일한 환경선언으로 남아 있다.

적인 기회주의자가 많은 이상주의자보다 더 큰 업적을 남긴 것은 이유를 알 수 없는 일이다. 그러나 2000년 미국 대통령선거에서 앨 고어와 랠프 네이더가 서로 더 나은 환경정책을 내놓으면서 치열한 논쟁을 벌이는 광경을 카슨이 봤다면 놀라워했을 것이다. 이것은 40년 전, 농산물이 오염되었다는 사실을 부인하기 위해 케네디와 닉슨이 넌출월귤을 먹는 광경을 연출한 것과는 판이한 모습이었다.

『침묵의 봄』은 좁은 시각에서 바라볼 수도, 넓은 시각에서 바라볼 수도 있다. 좁은 시각에서 본다면, DDT와 살충제 그리고 그것들이 야생생물과 사람에게 일으키는 문제를 다룬 책이다. 넓은 시각에서 본다면, 기술 발전과 '자연의 통제'에 대한 인류의 맹신을 통렬히 비판하는 책이다. 그리고 이 측면에서 그 영향력은 아직도 계속되고 있다.

카슨은 자연에 대한 전쟁에 대해 과학계의 남성 중심적 사고방식에 책임이 있다고 생각했다. 이것은 이 책이 남긴 유산 중 아주 흥미로운 부분이다. 카슨은 에코페미니즘이란 용어를 만들어내진 않았지만, 후세대를 위한 초석을 깔았다. 또한 『침묵의 봄』은 직접적으로 언급하지는 않지만 막 어떤 취향을 발달시키려 하고 있던 미국인의 소비 문화를 조심스럽게 파헤친다. 카슨은 아주 빠른 속도로 확대되면서 독성물질의 오염뿐만 아니라 지구 온난화 현상에 기름을 부은 그러한 취향에 대해 맹렬히 비난하지는 않았다. 그것은 『노 로고』를 쓴 나오미 클라인이나 『패스트푸드의 제국』를 쓴 에릭 슐로서처럼 환경의식을 가진 새로운 작가들이 주제로 다루었다.

카슨은 또한 실제적인 필요보다는 도전과 이익을 위해 추진되는 과학 발전의 '불필요한 혼란'을 비난했다. 이것은 오늘날 기업적인 영농에 유전자 변형 생물을 사용하는 행태를 비판하는 사람들이 제기하는 논리이기도 하다. 『침묵의 봄』은 살충제가 현대의 기적이 아니라 "혈거인[穴居人 ; 동굴 속에 사는 사람]의 몽둥이만큼 조야한 무기"라는 것을 보여준다. X선으로 수컷 곤충의 생식 능력을 없애는 것과 같은 카슨이 제인한 대안 중 일부는 그 시대의 기술적인 제약 때문에 실현에 옮길 수 없었다. 그녀가 제시한 해결책은 시대를 앞섰던 것이다.

　　만약『침묵의 봄』이 일부 열성주의자들의 주장처럼 정말 강렬한 선언이었다면, 분노한 대중이 지금쯤 지구 온난화 문제나 유전자 변형 같은 문제를 해결했어야 하지 않을까? 기업들도 새로운 게임의 규칙을 배우기 위해 노력하면서 조심스럽게 귀를 기울이고 있어야 하지 않을까? 과학자들은 예방적인 새로운 패러다임 속에서 연구하고 있어야 하지 않을까? 그리고 정부는 국제 무대에서 도덕적인 지도력을 보여야 하지 않을까? 그러나 그러한 일은 일어나지 않고 있다. 이것은『침묵의 봄』이 결국은 십자군적인 선언으로서 실패했다는 것을 의미하는가?

　　그렇지만 우리는 책 한 권에 얼마나 많은 것을 기대할 수 있을까? 40년이 지난 지금도 많은 운동가, 작가, 기업가, 정책 결정자가 이 책에 큰 영향을 받고 있다는 사실은『침묵의 봄』이 선언으로서 충분한 자격이 있다는 증거이다. 그 후에 나온 책들 중에는 환경과 사람의 건강을 해치는 새로운 위협을 효과적이고도 용감하게 폭로하여 새로운 환경운동과 의식에 불을 당긴 것도 있지만,『침묵의 봄』만큼 많은 독자를 끌어당긴 책은 아직 없다. 미국 한가운데에 있는 마을은 아직도 위험에 처해 있다. 생명의 그물을 보호하는 것은 1962년 당시 사람들이 생각했던 것보다 훨씬 힘겨운 싸움으로 드러났지만,『침묵의 봄』은 아직도 전성기를 누리고 있다.

Comment on the Text

해제_오늘날의 레이첼 카슨

오늘날의 『침묵의 봄』

오늘날의 레이첼 카슨

김재희*

21세기를 이끌어갈 이상적인 영재형 인간 레이첼 카슨

2002년 9월, 부산의 과학영재학교 개교를 앞두고 10여 개 국의 영재교육 전문가를 초청하는 국제학술대회가 열렸는데, 미국 영재교육의 대부라는 조지프 렌줄리(Joseph Renzulli) 박사도 참석했다. 백악관 영재양성 특별팀 자문이기도 한 그가 소장으로 있는 국립영재교육연구소는 연방정부 차원에서 설립된 기관으로, 그는 영재교육의 목적에 대해 "사회의 리더는 국가와 사회에 이바지해야만 하며, 영재교육은 이런 가치관을 갖도록 가르치는 것"이라고 강조했다.

기자들과의 간담회에서 21세기를 이끌어갈 이상적인 영재형으로 그는 아인슈타인이나 빌 게이츠가 아닌 레이첼 카슨을 꼽았다. 그가 말한 이 낯선 이름에 기자들은 고개를 갸우뚱하며 그 사람이 대체 누구인지 궁금해했다.

---

* 김재희는 자연과학과 언어학을 바탕으로 과학 이야기를 누구나 공감할 수 있도록 풀어주고 있다. 그녀의 이야기에는 개인의 경험이 역사 속에 어떻게 맞물려 있는지, 한국인으로서의 삶이 세계 속에 어떻게 불화하고 조화하는지, 그리고 나와 우주의 상관관계까지 줄줄이 얽히고설켜 있다. 지금은 생태학과 여성학을 중심으로 저술과 번역에 힘쓰고 있다. 지은 책으로 『깨어나는 여신 : 에코페미니즘과 생태문명의 비전』, 『지구의 딸 지구 시인 레이첼 카슨』 등이 있고, 옮긴 책으로 『아주 작은 차이』 등이 있다.

　　레이첼 카슨은 오늘날 미국 어린이들이 가장 닮고 싶어 하는 과학자 중 한 명이다. 또한 그녀는 미국 역사를 통틀어 가장 중요한 두 차례의 변화를 유도한 두 사람 가운데 한 명으로도 꼽힌다. 레이첼 카슨 말고 다른 인물은 『톰 아저씨의 오두막집』을 통해 노예제도의 실상과 죄악을 알리고 자유와 박애정신을 고취해 남북전쟁의 계기를 마련했던 작가 해리엇 비처 스토 부인이다. 스토가 19세기 미국의 야만성을 깨닫게 한 선각자로 남북전쟁의 불씨를 당겼다면, 레이첼 카슨은 20세기 미국의 치

미국의 초등학교 4학년 어린이가 미래에 가장 닮고 싶은 사람으로 그린 레이첼 카슨.

명적 모순과 오류를 밝힌 시대의 선구자로 세계시민들이 전 지구적으로 환경운동을 벌일 수 있는 튼튼한 토대를 마련해주었다.

　　레이첼 카슨은 오늘날 세계의 패권을 한 손에 쥐고 흔드는 미합중국이 최소한의 도덕적 각성을 할 수 있도록 빛과 소금의 역할을 한 미국의 인재로도 꼽힌다. 21세기 영재형 인간으로 카슨을 거명한 렌줄리 교수는 그 이유를 이렇게 설명했다. "그녀는 자신의 영재성을 개인의 명예나 부의 축적에 쓰지 않고 환경문제에 대한 사회적 관심을 불러일으키는 데 사용했다. 그녀의 빈틈없는 과학지식과 시적 언어는 1963년 케네디 대통령으로 하여금 백악관에 '환경문제를 다루는 자문위원회' 를 구성하도록 했으며, 1970년 그녀를 기리는 '지구의 날' 이 제정되게 만들었고, 카슨의 그림자를 자처하는 오늘날 세계 최대 규모의 미국 환경부를 탄생시켰다."

레이첼 카슨의 자연관

레이첼 카슨이 어린 시절을 보낸 곳은 애팔래치아 산맥을 타고 내려온 엘리게니 강변의 작고 아름다운 마을로 이곳 사람들은 그녀의 어린 시절을 전설처럼 이야기한다. "그녀의 바다 사랑은 우리 마을에 널려 있는 조개껍질 화석에서 비롯되었어요. 조개껍질에 담겨진 바다 소리는 꿈과 상상력이 되어 연약하고 순결한 아이의 뇌에 고스란히 입력되었지요."

꼬마 레이첼은 어머니가 전해주는 꽃과 새와 나무의 이름과 그 쓰임새 등 자연에 대한 사랑을 온 몸과 마음으로 받아들이고, 결국 자기 삶을 통해 꽃을 피우고 열매까지 거두게 된다. 어려서부터 글쓰기에 몰두했던 그녀는 대학 진학 후 촉망받는 시인으로 불리지만, 운명처럼 마주친 생물학과 스킹커 교수를 통해 과학의 미려한 세계에 눈을 뜨고 환호작약하며 생명의 연구에 몰두한다.

헬렌 켈러에게 설리번 선생님이 있었듯 레이첼 카슨에게는 스킹커 선생님이 있었다. 당시 과학을 공부한 여학생은 아무리 실력을 갖춰도 자기실현을 할 수 있는 기회가 별로 없었지만, 스킹커 교수는 레이첼이 자기 일을 소중하게 여기며 열망을 실현할 수 있도록 모든 지원을 아끼지 않았다. 더욱이 집안 형편이 궁핍해 소녀가장으로 대공황 시절을 견뎌야 했던 레이첼의 처지를 잘 알고, 레이첼이 공무원으로 일할 수 있도록 후원해주었다.

수산자원국의 공무원이 된 레이첼은 요즘 말하는 자연다큐멘터리 대본을 최초로 구성한 장본인이기도 하다. 또 해양생물학의 전문지식과 시인의 상상력을 결합해 누구나 알아듣는 친숙하고 아름다운 언어로 작성한 해양자원 및 야생생물의 실태에 대한 보고서를 꾸준히 발간했다.

이 과정에서 시인 레이첼 혹은 과학자 레이첼을 넘어, 인간과 자연의 관계를 회복하는 일에 대한 그녀의 예감은 수산자원국에서 그녀가 발간한 『자연보존 활동』 자료집 곳곳에 드러난다.

> 서양문명은 근대에 접어든 이후 자연자원을 착취하는 데 몰두해왔다. 짧은 기간이지만 이 과정을 통해 무자비하게 지구를 훼손하고 파괴를 서슴지 않았다. …… 흙과 물, 숲과 초원과 거기 서식하는 온갖 동물, 이는 모두 인간이 숨쉬며 살아가는 환경이다. …… 미국도 이제 야생 식물과 동물을 보호해야 한다는 사실을 깨닫게 되었다.

한편 딸의 영재성을 일찍이 발견한 어머니의 각별한 애정과 집착은 레이첼의 삶을 더욱 고단하게 만들기도 했다. 홀어머니를 모시는 여성가장으로 조카들과 그 자녀들까지 돌봐야 했던 그녀는 아이들을 몸과 영혼이 온전한 존재로 양육하기 위한 방법을 스스로 터득하는 과정에서 다시 한번 자연과 소통할 수 있는 묘안들을 찾아내기도 한다. 마음과 영혼으로 자연과의 일체감을 얻는 연습이, 자연에 대해 머리로 이해하고 잡다한 지식을 얻는 일보다 더 중요하고 우선이라는 통찰 때문이었다.

지구의 딸 지구 시인의 마지막 열정 『침묵의 봄』

레이첼 카슨은 자연을 인간 손아귀에 놓여 있는 대상으로 보는 근대적 자연관을 용납할 수가 없었다. 그녀에게 생명과 자연은 그 다양성과 아름나움 앞에 감탄과 찬미가 절로 솟는 환희의 대상이었다. 그래서 자연파괴를 일삼는 무지몽매한 세력에 대해 레이첼 카슨은 오히려 연민을 느꼈으며, 진정한 아름다움을 보고 느낄 줄 아는 '감수성'을 강조했다.

1962년 9월 『침묵의 봄』이라는 제목으로 발표된 책은 큰 파문을 일으켰고, 예상대로 그녀는 맹렬한 공격의 대상이 된다. 식량문제를 해결하는 길은 살충제밖에 없다는 소리가 더욱 커졌다. 전국 농화학협회에서는 막대한 비용을 들여 레이첼의 자료가 신빙성이 없음을 주장하는 책자를 배포하지만 그녀의 자료가 워낙 정확하고 빈틈이 없어 오히려 책의 판매를 부채질하는 결과를 낳고 만다.

『침묵의 봄』이 출판된 후, 자연을 정복하는 것이 현대문명의 주도권을 갖는 것이라고 믿었던 사람들은 특급기밀로 감추어지던 이 심각한 문제를 깨닫기 시작했다. 신문에서도 이 주제를 다루었으며, 시민들은 탄원서를 작성해서 의회에 보냈고, 연방정부 차원에서도 시민들의 환경에 대한 관심을 다루기 시작했다.

CBS에서는 『침묵의 봄』과 관련된 토론프로그램을 준비했는데, 담당 PD는 8개월 동안 동부에서 서부 해안까지 미국 곳곳을 돌면서 시민의 의견을 취재했다. 레이첼은 당시 심장마비로 죽음의 고비를 겨우 넘긴 상태였지만, 기운을 내서 방송 자료를 준비하고 녹화에 임한다. 화학회사의 연구진들은 스물여덟 차례나 레이첼의 말을 가로막고 그녀의 주장을 반박하며 억지를 부렸으나 누구보다 해박한 지식으로 배경설명을 하는 레이첼, 부드럽지만 확신에 찬 그녀는 1천만이 넘는 시청자들을 감동시켰다. 레이첼은 자신의 입장을 이렇게 마무리했다.

우리가 이겨야 할 대상은 자연이 아니라 바로 우리들 자신입니다. 이번 일은 매사를 경쟁관계로 바라보는 시각이 문제입니다. 이토록 미숙

하고 유치한 자연관에서 하루 빨리 벗어나야 합니다. 성숙한 눈으로 자연과 우주를 바라볼 수 있도록 먼저 우리 스스로의 문제를 깨달아야 합니다.

지구 어머니의 고통을 호소한 『침묵의 봄』

레이첼이 경고한 '침묵의 봄'은 지금까지 40년이 넘는 세월 동안 지구 곳곳에 수많은 '작은 소동'을 일으켰고, 그녀가 호소했던 '자연보존'의 정신은 민들레의 씨앗처럼 널리 퍼져나가 어느덧 수만 개의 환경단체가 지구 곳곳에 만들어졌다. 20세기 인류문명에 엄청난 경종을 울린 그녀의 역작 『침묵의 봄』은 이미 수십 개 언어로 옮겨져 지구 환경위기를 걱정하는 현대인들의 필독서가 되었다. '경쟁과 정복'이라는 성장지상주의 앞에 어쩌면 지나치게 무력하고 소극적인 삶의 지향처럼 보일지 모르지만, 시인의 마음과 과학자의 눈으로 자연 앞에 겸손히 서는 그녀의 삶의 태도는 한결 우주적이고 보편적인 가치일 수밖에 없다.

『침묵의 봄』에서 비롯한 시끄러운 소동들이 계속되는 가운데 레이첼은 자신의 생명이 꺼져가고 있음을 알아차린다. 그러나 그녀에게 죽음은 서구의 근대적 시간표에서 일컫는, 시작과 끝의 도식과는 무관한 것이었다. 레이첼 카슨에게 삶과 죽음은 온전한 지구생명의 순환 속에 동참하는 것, 더욱 신비롭고 아름다운 지구 어머니의 맥박 안에 자신을 그대로 내어놓는 과정일 따름이었다.

말기 암의 투병 과정에서 그녀는 몇 차례 혼수상태에 빠지는데, 이승과 저승을 번갈아 체험한 그녀는, "몸을 빠져나간 영혼이 고요하고 눈부신 빛 속으로 높이 오르는 편안한 느낌이었다"고 이야기한다.

"죽음은 두려운 것이 아니에요. 참으로 아름다웠어요."

그리고 눈을 감는다. 말 그대로 '세계를 뒤흔든' 역작을 남긴 그녀였지만, 레이첼 카슨의 행적 하나하나는 너무나도 소심하고 조심스러운 작은 걸음들이었다. 그녀로 하여금 이 엄청난 사건을 일으키게 만든 힘은 자연을 통해 그녀가 맛보며 환호했던 소소한 충만함의 순간들에서 비롯한 것이었다.

지구 어머니의 고통을 호소하는 지구의 딸 레이첼, 당신은 혹시 그녀의 맑고 부드러운 음성을 알아챈 적이 있는가? 고요한 바닷가를 거닐다 가만히 귀기울여 보라. 그러면 새로운 세상의 시작을 알리는 바다의 종소리 속에 섞여 있는 그녀의 소리를 알아챌 수 있을 것이다. 그리고 당신이 지구를 떠나 망망대해와도 같은 우주의 허공에서 다시 지구별을 돌아볼 때, 태양계에서 가장 아름다운 푸른 별 지구, 거기서 흩어지는 아름다운 별빛 속에 다시 한줌의 재로 스러진 지구의 딸 레이첼, 그녀의 푸른 빛깔도 섞여 있음을 보게 될 것이다.

오늘날의 『침묵의 봄』

박용남*

이제 미국에서 봄을 알리는 새가 돌아오는 것을 보기 힘든 지역이 점점 더 늘어나고 있다. 한때 새들의 아름다운 노랫소리가 가득 울려퍼지던 아침은 기묘한 침묵에 잠겨 있다. …… 알은 차갑게 놓여 있고, 생명의 불꽃은 며칠 동안 깜빡거리다가 이제 꺼져버렸다.

레이첼 카슨의 『침묵의 봄』은 과학 지식과 은유적인 수사, 무엇보다 평범한 사람의 목소리로 전한 일화를 통해 자연의 재앙이 사람들 곁에 다가와 있음을 알린 환경학의 고전이다. 이 책이 일으킨 반향은 어마어마해서, 이제는 음식을 대할 때 사람의 건강을 생각하듯 산업에 대해서는 환경을 생각하는 것이 당연하게 되었다. 우리의 일상에서 DDT 같은 살충제나 농약, 프레온 가스(CFCs)나 자동차 배기가스 등은 조심스럽게 다루어야 할 위험한 물질로 각인되어 있다.

　『침묵의 봄』처럼 이렇게 우리의 삶을 송두리째 바꾸어버린 책은 그

---

* 박용남은 시민의 자발적인 발의로 형성된 내셔널트러스트 운동의 대표주자이다. 대천수양관 보존운동, 서해안 천수만 황새서식지 보존운동 등 국내 환경운동을 주도하고 있고, 친환경적인 농촌과 도시 개발에 힘쓰고 있다. 지은 책으로 『영국의 내셔널트러스트 운동』, 『꿈의 도시 꾸리찌바』 등이 있고, 옮긴 책으로 『레츠』 등이 있다.

다지 많지 않다(이러한 범주에 속하는 책으로는 우리 모두 잘 아는 칼 맑스의 『자본』, 애덤 스미스의 『국부론』, 찰스 다윈의 『종의 기원』 등도 있다). 『침묵의 봄』 이후 40여 년이 흐른 오늘날, 이 책 한 권이 우리에게 남긴 것은 무엇일까? 이제부터 몇 가지로 나누어 그것을 좀더 일목요연하게 정리해보도록 하자.

첫째, 『침묵의 봄』의 출간으로 사람들은 신비화된 과학기술 이데올로기를 더 이상 맹신하지 않게 되었다. 즉, 과학기술의 발달이 현대인의 생활을 훨씬 풍요롭고 윤택하게 해줄 것이라는 막연한 장밋빛 기대를 더 이상 품지 않게 되었다. 오히려 과학기술을 오용하고 남용할 때 환경파괴와 환경오염이라는 엄청난 재앙이 일어날 수도 있을 뿐만 아니라, 그 자체로 부메랑이 되어 우리의 취약한 '삶의 기반'을 붕괴시킬 수 있다는 카슨의 엄중한 경고를 깨닫게 된 것이다.

프랑스의 산부인과 의사 미셸 오당은 "교묘하고 세련되고 강력한 기술로 오래된 문제들에 대한 해결책을 찾는 능력"과 "장기적으로 생각하지 못하고 새로운 발명들을 대량으로 활용하는 데서 일어나는 영향을 예견하지 못하는 무능력" 사이의 거대한 모순이 곧 과학기술이 갖고 있는 특성이라고 말한 바 있다. 카슨이 DDT를 분석하면서 입증했듯이 이러한 과학기술의 모순을 보여준 예들은 무수히 많다. 흔히 오늘날의 학자들이 환경생태위기 문제로 언급하고 있는 것들——산성비·한파 등의 이상 기후 현상, 오존층 파괴와 해수면 상승, 산림 황폐화, 생물다양성 상실, 환경호르몬으로 인한 내분비선 교란, 유전자 변형 등은 그 모순에서 비롯되었다. 『침묵의 봄』 같은 탁월한 선행연구가 없었다면, 이 모든 문제를 위기의 징후로 파악하는 시야가 열리지 않았을 것이다.

둘째, 『침묵의 봄』은 환경운동이 모든 나라의 국가정책에 거부할 수 없이 엄청난 영향력을 발휘하도록 자극한 책이기도 하다. 이 책은 미국을 비롯해 세계 도처에서 들불처럼 환경운동이 일어나는 데 직접적인 영향을 끼쳤고, 수많은 풀뿌리 환경단체나 국제적 규모의 환경단체가 탄생하거나 확대되는 데도 크게 이바지하였다.

본서를 통해서도 알 수 있듯이 미국과 서유럽은 일찍이 큰 영향을 받아 환경운동이 점차 커지게 되었다. 우리나라의 경우, 개발시대를 거치고 난 후 1990년에 들어서야 비로소 『침묵의 봄』의 문제의식을 공유하기 시작하였다. 초창기의 환경운동은 정치적 민주화의 문제와 밀접하게 연관되어 활동하였으나, 1992년 리우회의를 기점으로 반공해운동 등 적극적인 환경보호 활동을 펼치기 시작하였다. 현재는 녹색연합, 환경운동연합 등이 중심이 되어 댐·도로 건설에 따른 생태학적 영향 평가, 핵발전소 감시 활동, 미군기지 폐기물 관리 감시 등을 하고 있다(최근에는 새만금 간척사업 1심 판결에서 승소하는 성과를 거두었다).

그리고 『침묵의 봄』의 여파는 지역적인 차원뿐만 아니라 전지구적 차원에서도 변화를 이끌어내었다. 한 지역의 환경오염이 그 지역을 넘어 넓은 지역에 피해를 입힌다는 것이 공유되면서 국가 간의 연대는 불가피한 일이 되었다. 우리나라의 경우 황사로 인한 피해가 대표적인데, 2004년 12월 동아시아환경협력에서 한·중·일 삼국은 이를 막기 위해 황사모니터링과 조기경보를 위한 네트워크를 구축하고 황사저감을 위해 중국과 몽골의 발원지에 투자하기로 합의하였다.

2005년 2월 16일 발효된 교토의정서 역시 그와 같은 예이다. 교토의정서는 국가마다 일정 수치의 온실가스(이산화탄소, 이산화질소, 메탄 등)를 줄여 세계의 기후변화를 막으려는 국제협약인데, 5년 단위의 공약 기간을 정해 36개 선진국이 1990년 대비 5.2퍼센트를 줄이는 것을 목표로 하고 있다──EU는 -8퍼센트, 미국은 -7퍼센트, 일본은 -6퍼센트이다. OECD 국가인 우리나라는 체결 당시 개발도상국으로 분류되어 2차 이행기간인 2013~2017년에 5퍼센트 줄이는 것이 의무이다. 정부에서는 산림청의 숲가꾸기 사업 등을 통해 온실가스를 줄일 계획을 세우고 있다고 한다.

셋째, 카슨은 인간이 자연을 공격하면서 저지른 '몰상식하고 잔인한 일'에 걷잡을 수 없는 분노를 드러내기도 했는데, 과학기술계의 남성 위주 사고방식이 이에 책임이 있다고 생각했다. 이것은 본서의 저자 맥길리브레이의 지적처럼 『침묵의 봄』이 남긴 유산 중 가장 흥미로운 부분이기도 하다. 직접 전면에 나서 성차별을 해소하기 위한 운동을 한 사람도 아니고 에코페미니즘이란 용어를 사용한 적도 없지만, 카슨이 다음 세대를 위해 이 분야에 초석을 깔아준 선각자인 것만은 분명하다.

어느 나라에서건 환경문제에 관해서는 여성이 남성보다 더 큰 관심을 보여왔다. 본서에 나오는 러브캐널 사건의 로이스 마리 깁스가 그렇고 퍼시픽 가스전기회사를 상대로 집단소송을 주도한 에린 브로코비치-엘리스가 그렇다. 이밖에도 인도의 칩코운동과 나르마다 강 살리기 운동 등 수많은 환경운동의 주인공은 다름 아닌 여성이었다. 이렇게 생태학이 여성과 밀접한 것은 그 두 가지의 공통된 이미지──희생과 상처 등──때문에 그런 것이 아니다. 그것은 생태학이 살아 있는 모든 존재들의 특별한 힘과 완전함을 옹호하는 이론과 실천이기 때문이다.

그런 점에서 우리나라에서 벌어지고 있는 천성산 살리기 운동도 같은 맥락에 있다. 자연 생태를 고려하지 않은 개발 논리에 저항하여 이 운동을 이끌고 있는 지율스님이 바로 그렇다(물론 수많은 환경단체와 시민 들도 예외는 아니다). 그녀는 천성산에 살고 있는 도롱뇽 등의 습지생물과 야생동물, 수많은 새들의 삶을 보존하고자 노력하고 있다. 이 문제는 현재 환경 영향 공동 재조사를 하기로 합의된 상태인데, 우리에게도 인간과 자연 생물이 동시에 살아갈 수 있는 '지속가능한 개발'(sustainable development)이 정착되어야 할 시점이다.

마지막으로 『침묵의 봄』이 현대를 사는 우리에게 가져다 준 가장 커다란 선물은 '끝없는 성장'이라는 신화에 매몰되어 허우적대던 (미국을 비롯한) 전세계의 대중에게 환경의식을 고취시켜 생태학적 문제를 새롭게 인식하도록 만드는 데 결정적인 기여를 했다는 점이다. 『침묵의 봄』이라는 메신저를 통해 카슨은 생태계를 보호하고 지키려면 오만함 대신 겸손함이 필요하고, 인간도 자연의 일부임을 확신해야 한다는 진리를 40여 년이 지난 오늘까지도 부단히 깨우쳐 주고 있는 것이다.

우리는 이제 환경문제에 대한 방관자가 되어 카슨이 책을 출간할 당시보다 더 새가 노래하지 않는 암울한 '침묵의 봄'이 오기만을 무작정 기다릴 것인가, 아니면 어머니 대지를 지키기 위한 *끈끈하고 견고한* 연대망을 구축해 새를 비롯한 동식물과 공생할 것인가를 신중하게 선택해야만 한다. 자신의 육신이 고통스러운 암으로 죽어가면서도 이 땅을 아직 살 만하게 이끌어간 카슨의 노력을 기리기 위해서도 우리는 후자를 선택해야 하는 것이 아닐까? 다시 한 번 진지하게 질문해볼 때이다.

Appendix

부록

침묵의 봄에 대해 더 알고 싶다면

더 읽을 만한 책

레이첼 카슨, 김은령 옮김, 『침묵의 봄』, 에코리브르, 2002.
독성 화학물질로 인한 생태계 파괴를 고발한 녹색 선언. 한국어판 완역본이다.

레이첼 카슨, 이충호 옮김, 『우리를 둘러싼 바다』, 양철북, 2003.
바다가 어떻게 탄생했고, 바다에서 생명이 어떻게 출현했으며, 바닷속 세계는 얼마나 환상적인지 들려주는 카슨의 신비로운 바다 이야기이다.

레이첼 카슨, 김선영 옮김, 『잃어버린 숲』, 그물코, 2004.
카슨의 초기 생태학적 자각을 보여주는 글, 『침묵의 봄』에 관한 이야기, 생명에 대한 카슨의 신념, 암 투병 중이던 시절의 편지 등이 수록되어 있다.

김재희, 『지구의 딸 지구 시인 레이첼 카슨』, 이유, 2003.
생태학과 여성학의 시각을 가진 저자가 생명에 대한 깊은 애정을 지녔던 레이첼 카슨의 생애를 쉽게 풀어 들려준다.

린다 리어, 김홍옥 옮김, 『레이첼 카슨 평전』, 샨티, 2004.
환경역사학 교수인 저자가 10년의 연구를 통해 카슨의 삶을 조명하고 있다.

알도 레오폴드, 송명규 옮김, 『모래군의 열두달』, 따님, 2000.
20세기 환경운동의 원조로 꼽히는 저자가 생애 마지막 10년 동안 쓴 수필을 모은 것으로 오늘날 '현대 환경운동의 성서'라고까지 불린다.

헨리 윌리엄슨, 한성용 옮김, 『수달 타카의 일생』, 그물코, 2002.
자연의 혹독한 시련을 견디며 살아가는 수달 타카의 일생을 통해서 오직 즐기기 위해 사냥을 일삼는 인간들을 비난하고 환경 파괴를 경고한다.

제레미 리프킨, 전병기 · 전영택 옮김, 『바이오테크 시대』, 민음사, 1999.
카슨이 비판적으로 바라봤던 생명공학의 이점과 치러야 할 대가에 대해서 사회적 · 경제적 · 기술적 · 윤리적 문제들과 함께 이야기한다.

마리아 미스 외, 손덕수 외 옮김, 『에코페미니즘』, 창작과비평사, 2000.
여성해방과 자연해방을 동시에 추구하는 에코페미니즘에 대해서 자세하게 설명하고 있는 책이다. 여성에 대한 남성의 지배와 자연에 대한 인간의 지배가 동일한 매커니즘에서 파생된다고 보고 착취당한 여성성을 되찾고 자연과의 공생을 모색하고 있다.

에릭 슐로서, 김은령 옮김, 『패스트푸드의 제국』, 에코리브르, 2001.
우리의 건강을 헤치는 패스트푸드의 위험성과 패스트푸드 산업의 실체를 파헤친 취재보고서이다.

비외론 롬보르, 김승욱 · 홍욱희 옮김, 『회의적 환경주의자』, 에코리브르, 2003.
환경과 관련한 담론의 문제를 지적하고 현실의 환경문제를 부정적인 시각으로만 다루는 것을 경계하고 있다. 환경문제의 해결을 위해 보다 효율적인 자원 활용을 강조한다.

Carson, Rachel, *Under the Sea-Wind: A Naturalist's Picture of Ocean Life*, New York:Simon&Schuster, 1941.
바다에 관한 카슨의 첫번째 책으로 바다새, 고등어, 뱀장어 등에 관해 서정적으로 이야기하면서도 생태학적으로 잘 고찰하고 있다.

Carson, Rachel, *The Edge of the Sea*, Boston:Houghton Mifflin, 1955.
바다에 관한 카슨의 세번째 책으로 해변 생태계를 서정적으로 보고하고 있다.

Graham, Frank, *Since Silent Spring*, London:Hamish Hamilton, 1970.
살충제 엔드린으로 인해 물고기가 떼죽음 당한 사건을 규명하고 있다. 추리소설처럼 사건의 원인을 파헤쳐 폐수를 흘려보내는 공장을 고발한다.

Van Den Bosch, Robert, *The Pesticide Conspiracy*, Berkeley:University of California Press, 1978.
해충의 박멸을 위해 사용뇌는 화학물질의 위험성을 고발하고 살충제 산업과 관련한 사회구조적인 문제를 지적하고 있다.

Brooks, Paul, *Speaking for Nature: How Literary Naturalists from Henry Thoreau to Rachel Carson Have Shaped America*, San Francisco:Sierra Club Books, 1983.
소로부터 카슨에 이르기까지 자연주의자들의 주장 및 운동을 소개하고 있다.

Curtis, Jennifer(ed.), *After Slient Spring: The Unsolved Problems of Preticide Use in the United States*, Washington D.C.:Island Press, 1993.
살충제가 인체와 동물에게 미치는 영향을 분석하고 여전히 『침묵의 봄』에서 제기되었던 문제가 해결되지 않고 있다고 말하고 있다.

Colborn, Theo(ed.), *Our Stolen Future*, New York:Dutton, 1996.
인체에서부터 오대호의 생태계까지 광범위한 주제의 논문을 고찰하여 잔류성 화학물질로 인한 환경오염이 내분비선을 교란시키고 있다고 고발하고 있다.

Steingraber, Sandra, *Living Downstream: An Ecologist Looks at Cancer and the Environment*, New York:Addison-Wesley, 1997.
독성 폐기물의 배출 자료와 암 현황 자료를 근거로 독성 폐기물이 인체에 미치는 영향을 분석하고 있다.

Waddell, Craig(ed.), *And No Birds Sing: Rhetorical Analyses of Rachel Carson's "Silent Spring"*, Carbondale:Southern Illinois University of California Press, 2000.
폴 브룩스, 린다 리어를 비롯한 10명의 카슨 연구자들이 『침묵의 봄』을 여러 각도에서 분석하고 있다.

가볼 만한 사이트

memvers.aol.com/rccouncil/ourpage/rcc_page.htm 레이첼 카슨 위원회
환경의 다양한 부문과 건강에 대한 카슨의 견해를 찾아볼 수 있다.

midwest.fws.gov/eagle/population/2000chtofprs.html 어류 및 야생동물국
털이 빠지는 맹금류 개체 군에 대한 자료가 있다.

www. badasaligi.org 바다살리기국민운동본부
마지막으로 남아 있는 자원의 보고인 바다를 보호하기 위해 바다살리기 운동을

추진하는 단체의 사이트. 바다 환경을 위한 교육 자료, 바다 관련 사진, 각종 연구 자료 등이 올라와 있다.

www.environet.org 인바이로넷
국내외 환경 정보를 환경사전, 환경상식, 환경건강 등 주제별로 분류하여 구축하였다. 또 환경관련 서적을 안내해주고 최신 환경 뉴스를 제공하고 있다.

www. environmentaldefense.org 환경보호기금
DDT가 맹금류에 미치는 영향을 이야기하는 카슨의 1962년 기록이 실려 있다.

www. forest.or.kr 생명의 숲 국민운동
숲 체험 교육 및 활동을 통해 숲 가꾸기 운동을 추진하는 단체의 사이트로 생명의 숲을 보존하기 위한 각종 자료와 회원 소식지를 열람할 수 있다.

www. greenera.or.kr 환경과 생명
계간 『환경과 생명』의 웹사이트로 지난 호 내용을 검색할 수 있으며 각종 서평과 칼럼, 사진 자료 등이 올라와 있다.

www.hkbs.co.kr 환경일보
환경전문 일간지 사이트로서 화제가 되고 있는 환경문제를 실시간으로 다루며, 환경과 관련된 정책, 국제 소식, 문화예술 등의 뉴스를 제공한다.

www. kfem.or.kr 환경운동연합
환경문제를 사회적으로 해결하기 위해 시민운동을 벌이는 단체의 사이트. 주요 활동 내용, 화제가 되는 환경기사, 환경 관련 자료 등이 올라와 있다.

www.nrdc.org/health/pesticides/hcarson.asp 천연자원수호위원회
카슨의 일대기가 간략하게 정리되어 있다.

www. RachelCarson.org 작가 린다 리어
카슨의 생애와 카슨이 미친 여파를 연구하는 사이트로 유용한 자료와 관련 사이트가 링크되어 있다.

www.silentspring.org 침묵의 봄 연구소
비영리적인 과학 연구소로 환경과 여성 건강의 관련성을 연구하고 있다.

그림 출처

Corbis Kevin Fleming:pp.27, 36. David H. Wells:p.46. Genevive Naylor:p.59. Gray W. Carter:p.64. Charles E. Rotkin:p.84. Hulton-Deutsch:pp.93, 101. Wally MaNamee:p.116. Jonathan Blair:p.133. kapoor Baldev/Sygma:p.146. Pallava Bagla:p.149.

Corbis/Bettmann Archive pp.13, 14, 21, 28, 38, 43, 49, 53, 55, 70, 82, 80, 91, 97, 98, 110, 114, 115, 119, 123, 134.

Courtesy of the Lear/Carson Collection pp.30, 31.

Library of Congress/Prints and Photographs Division pp.17, 25, 40, 106.

The National Oceanic Atmospheric Administration p.34.

U. S. Department of Agriculture/Agriculture Research Service/Photos by Scott Bauer pp.24, 47, 48, 126, 128, 148.

USDA/Keith Weller p.127.

U. S. Fish and Wildlife Service George Nelson:p.15. Aaron D. Drew:p.22. Rex Gray Schmidt:p.45. Dave Menke:p.67. Alaska Image Library:p.103. David Hall:p.113. Karen Bollington:p.134.

Yale Collection of American Literature, Beinecke Rare Book and Manuscript Library Brooks and Co. Studio:p.9. Edwin Gray:pp.31, 33. Courtesy Rachel Carson Estste:pp.35, 62, 74, 86, 125, 153.

세계를 뒤흔든 침묵의 봄

초판 1쇄 발행 _ 2005년 2월 28일
초판 3쇄 발행 _ 2017년 6월 5일

지은이 _ 알렉스 맥길리브레이
옮긴이 _ 이충호

펴낸이 _ 유재건
펴낸곳 _ (주)그린비출판사 · 신고번호 제2017-000094호
주 소 _ 서울시 마포구 와우산로 180, 4층
전 화 _ 702-2717
팩 스 _ 703-0272
E-mail _ editor@greenbee.co.kr

책값은 뒤표지에 있습니다.
Korean Translation Copyright © 2005 by Greenbee Publishing Company.
잘못 만들어진 책은 구입하신 서점에서 바꿔드립니다.
ISBN 89-7682-947-6 89-7682-943-3(세트)